Anselm Grün

Heilsame Worte

Das Buch

Anselm Grüns Gebete bieten heilsame Worte an, damit die Leserinnen und Leser ihre eigene Sprache finden, um ihr Leben vor Gott zu tragen und verwandeln zu lassen.

Der Autor

Anselm Grün, geboren 1945, Dr. theol., ist Benediktinermönch und Verwaltungsleiter der Abtei Münsterschwarzach, spiritueller Begleiter und Kursleiter. Zahlreiche Veröffentlichungen zu Bibel, Spiritualität und Lebenskunst. Anselm Grün gehört weltweit zu den meistbeachteten christlichen Autoren unserer Zeit.

Anselm Grün

Heilsame Worte

Gebete für ein ganzes Leben

HERDER

FREIBURG · BASEL · WIEN

HERDER spektrum Band 6903

MIX
Papier aus verantwortungsvollen Quellen
FSC® C083411
FSC
www.fsc.org

Neuausgabe 2016

www.herder.de

Umschlaggestaltung: Designbüro Gestaltungssaal
Umschlagmotiv: © Borja Andreu / Le Panda – shutterstock

Als deutsche Übersetzung der Bibel ist zugrunde gelegt:
Die Bibel. Die Heilige Schrift
des Alten und Neuen Bundes.
Vollständige deutschsprachige Ausgabe

Satz: Arnold & Domnick, Leipzig
Herstellung: CPI books GmbH, Leck

Printed in Germany

ISBN 978-3-451-06903-1

INHALT

ZUR EINFÜHRUNG 11

DAS GEBET DES HERRN: VATERUNSER 15

GEBETE FÜR JEDEN TAG 25

Morgengebete

Ich spüre den Geschmack des Lebens 28

Gottes Quelle sprudelt in mir 30

Ich grabe meine Spur in die Welt 32

Ich schaue, wo ich lebe 34

Ich sende Gottes Segen in die Welt 36

Ich öffne den Himmel über meinem Leben 38

Abendgebete

Ich lasse los 42

Ich halte Gott meine Hände hin 44

In mir ist der Raum der Stille 46

Heilsam und gut wird der Schlaf 48

Ich lebe aus Gottes Liebe 50

Ich bezeichne mich mit dem Kreuz 52

Samstag

Am Morgen: Ich nehme wahr, was Gott mir schenkt 55

Am Abend: Ich bin berührt von Gott 57

Sonntag

Am Morgen: Ich habe teil an Gottes Ruhe 61

Am Abend: Ich lasse mich fallen in liebende Arme 65

Segen für den Tag
Morgensegen 69
Segen über das Essen 71
Abendsegen 73

GEBETE DES HERZENS 75
Ich danke dir für jeden Augenblick 78
In mir ist eine Quelle der Liebe 80
Verwandle meine Zweifel in Vertrauen 82
Einfach da sein vor dir 84
Ich bete dich an 86
Einstimmen in das Lob der Engel 88
Es fällt mir schwer, mich anzunehmen 90
Mein Gewissen klagt mich an 92
Warum dieses Leiden? 94
Ich habe Angst 96
Ich komme zu dir mit meiner Krankheit 98
Über den Tod hinaus 101

GEBETE DES SEGENS 103
Segen für den Ehepartner 106
Segen für die Kinder 108
Segen für junge Menschen 110
Segnung meiner Wohnung 112
Segen für Arbeitskollegen und -kolleginnen 114
Segen für Kranke 116
Segensgebet für Arme und Alleingelassene 119
Gebet für die Verstorbenen 121

GEBETE IM JAHRESKREIS 123
Advent
Segen des Adventskranzes 125
Ich spüre in mir eine Sehnsucht 128
Ich höre die Verheißungen 130
Weihnachten
Du bist als Kind zu uns gekommen 132
Dein zärtliches Licht 134
Jahreswechsel
Danke für das vergangene Jahr 136
Segen für das neue Jahr 138
Erscheinung des Herrn (6. Januar)
Ein Stern ist aufgegangen 140
Taufe Jesu
Ich bin dein geliebtes Kind 142
Darstellung des Herrn (2. Februar)
Meine Augen haben das Heil gesehen 144
Fastenzeit
Bitte um eine Zeit der Freiheit 146
Deine Passion will mir die Augen öffnen 148
Karwoche
Du gehst deinen Weg als König 150
Du hast mich bis zum Ende geliebt 152
Du heilst mich von der Wunde des Todes 154
Du bist hinabgestiegen zu meinen Schatten 156
Ostern
Sende mir den Engel der Auferstehung 158
Du bist uns begegnet 160
Christi Himmelfahrt
Du bist in uns als der innere Meister 163

Pfingsten
Sei du in mir, heilige Glut 165

GEBETE DES GLAUBENS 167
Ich glaube an Gott
Ich möchte glauben 169
Du hast mich gut gemacht! 171
Auch wenn ich dich nicht verstehe 172
Die sichtbare und die unsichtbare Welt 174
Jesus Christus
Jesus, mein Bruder 177
Jesus, Brot des Lebens 179
Jesus, lebendiges Wasser 180
Jesus, Licht der Welt 181
Jesus, guter Hirt 182
Jesus, die Tür 183
Weinstock Jesus 184
Jesus, der Weg 185
Ruf mich ins Leben, Jesus 187
Geist Gottes
Komm, heiliger Geist 189
Beistand Geist 191
Bitte um das Feuer des Geistes 192
Um die Gaben des Geistes 194
Gemeinschaft Kirche
Dank für die Gemeinschaft 197
Enttäuschte Gemeinschaft 198
Meditation über die Seligpreisungen 201
Mit Maria Ja sagen 209
Du hast mir einen Engel gegeben 211

GEBETE DER STILLE 213
Beten mit der Bibel 214
Schweigen vor Gott (Herzensgebet) 224
Beten mit dem Leib 232

ZUR EINFÜHRUNG

Viele Menschen erzählen mir, dass sie nicht wissen, wie sie beten sollen. Die offiziellen Gebete sind ihnen zu fremd. Mit eigenen Worten tun sie sich schwer. So möchten ihnen diese Gebete Worte leihen, das, was sie selbst fühlen, Gott sagen zu können. Beten ist immer etwas Persönliches. Ich sage Gott, was mich berührt. Aber manchmal ist es gut, wenn ein anderer uns Worte anbietet, damit wir dann unsere eigenen Worte finden.

Ich habe beim Verfassen all dieser Gebete versucht, mich in die Situation des Beters hineinzuspüren. Es ist heilsam, im Gebet die eigenen Gefühle auszusprechen. Was übersprungen wird, setzt sich in der Seele fest. Wenn es aber vor Gott getragen wird, kann das Gebet das Herz verwandeln und seine Worte können zu heilsamen Worten werden, die uns mit Vertrauen und Dankbarkeit erfüllen. Ich wünsche Ihnen, dass die Worte sie näher zu Gott führen und dass Sie in ihnen Gottes heilende und heilsame Nähe spüren.

Als eine Art Einführung zum Beten habe ich im ersten Teil das *Vaterunser* ausgelegt. Das Vaterunser ist das Gebet, das Jesus selbst uns gelehrt hat. Ich habe versucht, es so zu erklären, dass es Ihr eigenes Gebet werden kann. Wenn Sie es beten, haben Sie Anteil an den vielen Menschen, die diese Worte vor

Ihnen gesprochen und darin ihren Weg zu Gott gefunden haben. Ich wünsche Ihnen, dass in Ihnen beim Beten des Vaterunser das Bild des barmherzigen und gütigen Gottes entsteht, den Jesus den Menschen verkündet hat und vor dem Sie sagen können, was in Ihnen ist.

Im zweiten Teil („Gebete für jeden Tag“) habe ich vor allem verschiedene *Abend- und Morgengebete* formuliert.

Im dritten Teil („Gebete des Herzens“) habe ich Gebete aufgeschrieben, die *innere Themen der Seele* betreffen: danken und vertrauen, mich selbst annehmen, mit meinen Ängsten und Sorgen Umgang finden. Diese Gebete wollen Ihnen eine Unterstützung sein, das, was im eigenen Herzen da ist, aber oft keine Worte findet, vor Gott zum Ausdruck zu bringen.

Im vierten Teil („Gebete des Segens“) habe ich Gebete verfasst, die *um Gottes Segen* bitten, vor allem für die Menschen, für die ich gerne beten möchte.

Die Gebete im fünften Teil („Gebete im Jahreskreis“) wollen dabei helfen, die heilsamen *Zeiten des Kirchenjahres* bewusst zu erleben. Im Laufe des Kirchenjahres werden wir mit wichtigen Themen unserer Seele konfrontiert und durch das Gebet und die Feier des Festes mit Gottes heilender Liebe berührt.

Die Gebete im sechsten Teil („Gebete des Glaubens“) sprechen die *Grundthemen des Heils* an: unsere Schöpfung, die Begegnung mit Jesus Christus, die Erfahrung des Heiligen Geistes und die Gemeinschaft des Glaubens. Die Inhalte des Glaubens zielen auf keine fremde Vergangenheit, sondern auf unsere eigene Gegenwart, in der Jesus Christus heilsam und Heil bringend an uns wirken will.

Das Ziel des Gebetes ist, dass wir nach allem, was wir Gott gesagt oder hingehalten haben, *in die Stille* kommen. Bei Gott allein kommt unsere Seele zur Ruhe. Das siebte Kapitel („Gebete der Stille") ist eine Hinführung zum besinnlichen Umgang mit der Bibel („Lectio divina"), zur Meditation (vor allem im Herzensgebet) und zum wortlosen Beten mit leibhaften Gebärden. Ich selber bete morgens und abends schweigend. Am Morgen bete ich in der Orantenhaltung, der Gebärde der ausgestreckten Arme, um den Himmel zu öffnen über den Menschen. Und am Abend halte ich in der Gebärde der Schale meinen Tag Gott hin und überlasse mich seinen guten Händen. So erfahre ich, was *Evagrius Ponticus* im vierten Jahrhundert über das Gebet gesagt hat: „Was kann es Größeres geben, als ganz persönlich mit Gott zu sprechen und ganz in seiner Gegenwart zu leben?"

Diese Gebetbuch versammelt alle Gebete, die ich in drei einzelnen Bänden im Lauf der Jahre veröffentlicht habe. Sie wurden neu bearbeitet und zusammengestellt. Alle diese Worte wollen Sie anregen, nach eigenen Worten zu suchen, die Ihrer eigenen momentanen Erfahrung besser entsprechen. So wünsche ich Ihnen, dass Ihnen dieses Gebetbuch hilft, neue Freude am Beten zu gewinnen und die heilsame Kraft des Betens zu erfahren. Es führt Sie an einen Ort, an dem Ihre Seele atmen kann, an dem Ihr Herz weit wird und Sie sich von Gottes Liebe getragen wissen.

Anselm Grün

DAS GEBET DES HERRN: VATERUNSER

Vater unser im Himmel,
geheiligt werde dein Name.
Dein Reich komme.
Dein Wille geschehe,
wie im Himmel so auf Erden.
Unser tägliches Brot gib uns heute.
Und vergib uns unsere Schuld,
wie auch wir vergeben unsern Schuldigern.
Und führe uns nicht in Versuchung,
sondern erlöse uns von dem Bösen.

Denn dein ist das Reich und die Kraft
und die Herrlichkeit in Ewigkeit.
Amen.

IN GOTT FINDE ICH MEIN WAHRES SELBST

Die Jünger waren fasziniert von der Art und Weise, wie Jesus gebetet hat. Vor allem der Evangelist Lukas hat uns Jesus als den großen Beter geschildert. Als Jesus einmal sein Gebet beendet hatte, «sagte einer seiner Jünger zu ihm:

Herr, lehre uns beten, wie auch Johannes seine Jünger beten gelehrt hat» (Lukasevangelium 11,1). Und Jesus lehrte sie das Vaterunser.

Im Matthäusevangelium ist dieses Vaterunser eingebettet in die Bergpredigt und in eine größere Unterweisung über das Beten. Beim Beten sollen wir zu unserem Vater im Verborgenen beten. Beten geschieht in der Kammer unseres Herzens.

Gott ist nicht nur der Gott des Himmels, sondern der Gott, der in der verborgenen Kammer unseres Herzens wohnt. Beten ist ein Zwiegespräch mit dem Vater im Himmel und dem Vater in uns. Gott ist jedoch nicht nur Vater, sondern zugleich Mutter. Er ist der väterliche und mütterliche Gott, der uns Geborgenheit schenkt, der uns aber auch auffordert, aus der Erfahrung Gottes heraus neue Verhaltensweisen einzuüben.

Das Vaterunser steht im Matthäusevangelium in der Mitte der Bergpredigt. Wer die Erfahrung Gottes als Vater und Mutter im Gebet macht, der wird fähig, sich auf neue Weise zu den Menschen verhalten, der wird fähig zur Versöhnung und zur Feindesliebe. Beten drängt zum Tun. Ora et labora, bete und arbeite, hat es Benedikt genannt.

Vater unser im Himmel

Es ist nicht nur mein Vater, sondern unser aller Vater, zu dem ich beten soll. So verbindet mich auch das persönliche Gebet mit allen Menschen. Und ich schaue auf von der Erde zum Himmel. Gott bricht von oben ein in mein Leben. Er öffnet den Himmel über mir, damit ich einen weiten Horizont bekomme.

Geheiligt werde dein Name

Gott soll seinen Namen in dieser Welt heiligen. Das geschieht, wenn seine Herrlichkeit in dieser Welt aufstrahlt. «Die Herrlichkeit Gottes – das ist der lebendige Mensch», sagt Irenäus.

Gottes Name wird geheiligt, indem wir dem Bild entsprechen, das Gott sich von uns gemacht hat, wenn in uns etwas von Gottes Barmherzigkeit und Liebe sichtbar wird.

Dein Reich komme

Gottes Reich, das meint: Gott herrscht in der Welt und auch in mir. Wenn Gott herrscht, dann wird der Mensch wahrhaft frei, dann entsteht auf der Erde Frieden und Eintracht.

Gottes Reich soll durch uns kommen. Jesus deutet die Gebetsbitte des Vaterunsers durch das Bild vom Salz der Erde und vom Licht der Welt. Indem wir durch unser versöhntes und versöhnendes Verhalten Licht in dieser Welt sind, kommt Gottes Reich durch uns in dieser Welt an.

Dein Wille geschehe,
wie im Himmel so auf Erden

Es gibt Menschen, die diese Bitte nur mühsam über die Lippen bringen. Sie denken sofort daran, dass Gottes Wille ihren eigenen Willen durchkreuzt. Oft steckt dahinter das Bild eines strengen Gottes, der mir nichts gönnt, oder eines Willkürgottes, auf den ich mich nicht verlassen kann.

Doch wenn Gottes Wille in mir und für mich geschieht, ist es letztlich mein Bestes. «Gottes Wille – das ist eure Heiligung», sagt Paulus (1 Thessalonicherbrief 4,3). Gottes Wille ist, dass ich heil und ganz werde, dass ich der werde, der ich eigentlich bin. Gottes Wille – so deutet Jesus in der Bergpredigt diese Bitte – geschieht auf Erden, indem wir die Weisungen Jesu erfüllen, indem wir die neue Gerechtigkeit leben, die Feinde lieben und uns mit denen versöhnen, die uns übel wollen.

Unser tägliches Brot gib uns heute

Wir dürfen Gott um alles bitten, was wir brauchen, auch um das tägliche Brot. Wir sind bedürftig. Und oft genug wissen wir nicht, ob wir das, was wir unbedingt brauchen, auch bekommen. Aber die Bitte um das tägliche Brot will uns auch die Augen dafür öffnen, wo Gott andern das zum Leben Nötige durch uns geben möchte.

Und vergib uns unsere Schuld,
wie auch wir vergeben unsern Schuldigern

Auch in dieser Bitte spüren wir die Verbindung der grundlegenden Erfahrung Gottes und eines neuen Verhaltens. Dass Gott ein vergebender Gott ist, der uns bedingungslos annimmt, der das «Unannehmbare annimmt» (Paul Tillich), ist die Grundbotschaft Jesu.

Aus dieser Vergebung vermögen wir zu leben, ohne uns ständig Selbstvorwürfe zu machen oder uns mit Schuldgefühlen zu zerfleischen. Aber die Erfahrung der Vergebung fordert uns auch auf, einander zu vergeben. Jesus koppelt unsere Vergebung an das Nicht-Richten.

In der Vergebung höre ich auf, den andern zu bewerten und zu beurteilen. Ich lasse ihn, wie er ist. Weil Gott mir vergeben hat, mich so annimmt, wie ich bin, darum versuche auch ich, das Werten zu lassen und den andern bedingungslos anzunehmen.

Führe uns nicht in Versuchung, sondern erlöse uns von dem Bösen

Mit dieser Bitte haben heute viele Menschen ihre Schwierigkeiten. Sie meinen, Gott könne doch nicht in Versuchung führen. Diese Schwierigkeiten haben schon die Kirchenväter gesehen. Origenes übersetzt die Bitte daher: «Lass uns der Versuchung nicht erliegen.» Vermutlich ist der ursprüngliche Sinn der Bitte: «Lass uns nicht in Versuchung geraten.» Wir bitten Gott, dass er uns vor der Versuchung bewahrt.

Die eigentliche Versuchung – so deutet die Bergpredigt diese Bitte – ist die Verwirrung, der Abfall von Gott. Heute geraten viele in diese Verwirrung, weil ihnen Gottesbilder vor Augen geführt werden, die ihnen den wahren Gott und ihr wahres Selbst verdunkeln.

Gott möge uns Klarheit schenken und die Kraft, den geraden Weg zu gehen. Und er möge uns vor dem Bösen bewahren. Das Böse äußert sich in bösen Gedanken, in zerstörerischen Trieben, in schädlichen Leidenschaften.

In dieser Bitte halten wir Gott unsere Angst hin, dass unsere Kräfte in der Versuchung oder vom Bösen überfordert werden. Und indem wir unsere Angst Gott gegenüber aussprechen, wächst das Vertrauen, dass Gott uns in den Turbulenzen und Gefährdungen unseres Lebens in seiner Liebe bewahren wird.

Denn dein ist das Reich und die Kraft
und die Herrlichkeit in Ewigkeit. Amen.

Das Gebet, das Jesus uns zu beten lehrt, führt uns an die wesentlichen Erfahrungen unseres Menschseins. Und es führt uns zu dem Gott, zu dem Jesus gebetet hat.

Das Gottesbild, das Jesus uns in seiner Botschaft verkündet hat, wird im Gebet konkret. Da erleben wir Gott als den väterlichen und mütterlichen Gott, der für uns eintritt, der uns annimmt und vergibt und der uns bewahrt vor dem, was uns überfordert.

Aber wir erfahren auch den Gott, der uns zu den Menschen sendet, damit wir im Sinn unseres Betens uns auch den Menschen gegenüber verhalten und im Geist Jesu diese Welt formen und gestalten.

Du bist unser Vater;
unser Erlöser ist von altersher dein Name.
JESAJA 63,16

GEBETE FÜR JEDEN TAG

Morgengebete

Die auf den Herrn hoffen,
schöpfen neue Kraft,
empfangen Schwingen gleich dem Adler.
Sie laufen und werden nicht müde;
sie gehen und werden nicht matt.
JESAJA 40,31

ICH SPÜRE DEN GESCHMACK DES LEBENS

Mein Gott, ich stehe auf in deinem Namen.
Ich erhebe mich in der Kraft,
die du mir schenkst.
Segne diesen Tag.
Segne mich, dass ich heute
zu einer Quelle des Segens werden darf
für die Menschen, denen ich begegne.
Ich danke dir für die Nacht.
Du hast mir erholsamen Schlaf geschenkt.
Du hast zu mir gesprochen im Traum.
Du bist bei mir Tag und Nacht.
Schenke mir heute Achtsamkeit,
damit ich auf deinen Anruf achte,
auf deine leise Stimme in meinem Herzen.
Lass mich tun, wozu du mich heute berufst.
Du schenkst mir diesen neuen Tag,
damit ich ihn bewusst lebe,
damit ich das Geheimnis des Lebens erahne.
Lass mich jeden Augenblick gegenwärtig sein.
Lass mich den Geschmack des Lebens spüren.
Du bist in jedem Augenblick bei mir.
Du begegnest mir in den Menschen.
Du sprichst zu mir in den Ereignissen des Tages.
Schenk mir ein horchendes Herz, das bereit ist,
deinem Anruf zu gehorchen.

Jeder Tag kann der letzte sein.
Lass mich heute so leben,
als ob es der letzte wäre,
in Freiheit und Dankbarkeit, mit offenem Gespür
für das Geheimnis in jedem Menschen,
dem ich begegne,
für die Schönheit der Schöpfung,
für die Chance, die in jedem Augenblick liegt.
Gib mir ein dankbares Herz,
damit ich jede Minute dieses Tages
dankbar durchlebe, im Bewusstsein,
dass jede Zeit geschenkte Zeit ist,
Zeit, in der deine Ewigkeit einbricht
in meine endliche Zeit.

Herr Jesus Christus,
lass mich durchlässig sein für dich,
dass deine Barmherzigkeit
aus meinen Augen sieht,
dass deine Milde
in meinen Händen zu spüren ist,
dass dein Leben stiftendes Wort
in meinen Worten hörbar wird.
Handle du in mir und durch mich,
damit dein Heil heute die Menschen erreicht. Amen.

Glück besteht darin, herauszufinden,
was das eine Notwendige in meinem Leben ist,
und freudig auf den Rest zu verzichten.
THOMAS MERTON

GOTTES QUELLE SPRUDELT IN MIR

Guter Gott, ich gehe in diesen Tag
mit Sorgen und Ängsten vor dem,
was auf mich einströmen wird.
Gib du mir die Kraft, all das zu bewältigen,
was du mir zumutest.
Und gib mir die innere Gelassenheit,
dass all die Arbeit mich nicht
aus meiner Mitte reißt.
Sei du bei mir in allem, was ich tue.
Lass mich aus der Quelle deines Geistes heraus
tun, was ansteht.
Und lass mich spüren,
dass die Quelle deines Geistes
unerschöpflich ist,
dass ich arbeiten kann,
ohne mich zu verausgaben,
weil deine Quelle in mir sprudelt.

Segne alle,
die heute schwer aus dem Bett kommen,
die Angst haben vor der Arbeit
und den Konflikten,
die sie am Arbeitsplatz erwarten.

Segne aber auch alle,
die sich freuen auf ihre Arbeit,
die dankbar sind, dass sie ihre Fähigkeiten
für die Menschen einsetzen dürfen.
Und segne ihre Arbeit,
damit sie zum Segen wird für andere.

Erinnere mich auch tagsüber daran,
dass du bei mir bist.
Schenk mir im Gebet
heilsame Unterbrechung,
damit ich von dir her tue, was zu tun ist,
und frei bleibe von den Emotionen,
die durch die Konflikte immer wieder
in mir hochkochen möchten.

Segne die Menschen,
mit denen ich heute zusammentreffe,
damit ich das Antlitz Jesu in ihnen entdecke
und behutsam und achtsam mit ihnen umgehe,
dass ich an das Gute in ihnen glaube
und es durch mein Verhalten hervorlocken kann.
Amen.

Mit einem Tun, das zu Überarbeitung führt,
zu Erschöpfung und Ausgebranntsein, können
wir Gott nicht loben und verherrlichen. Was
Gott uns aufgetragen hat zu tun, können
wir tun und können wir gut tun.
HENRI NOUWEN

ICH GRABE MEINE SPUR IN DIE WELT

Herr Jesus Christus,
du schenkst mir wieder einen neuen Tag.
Ich danke dir, dass ich gesund aufstehen darf.
Ich danke dir, dass ich heute
meine ganz persönliche Spur
eingraben darf in diese Welt.
Lass es eine Spur der Liebe sein,
eine Spur, die auch den Menschen um mich herum
Mut macht, ihr eigenes Leben dankbar zu wagen.
Ich danke dir für die Menschen,
denen ich heute begegnen darf.
Lass mich sie bewusst wahrnehmen.
Schenke mir das rechte Wort
im rechten Augenblick.
Schenke mir den Blick,
der aufrichtet und ermuntert,
der erfreut und erfrischt.

Herr, ich denke heute Morgen
an alle, die krank sind,
die nicht aufstehen können oder
die sich nur mühsam aus dem Bett erheben.
Segne auch sie, dass ihr Tag ein guter Tag wird,
dass sie deine heilende Liebe spüren,
dass sie sich nicht allein fühlen,
sondern die Gemeinschaft mit dir erfahren.

Herr, ich denke an die Menschen,
die keinen Sinn in ihrem Leben sehen,
die einfach nur dahinleben.
Öffne ihre Augen,
damit sie aufwachen zur Wirklichkeit,
damit sie dich als den eigentlichen Grund
der Schöpfung erkennen,
damit sie dich in allem zu sehen vermögen.

Ich denke an die Menschen,
die an Depressionen leiden,
die sich abgeschnitten fühlen
von der Quelle des Lebens,
denen alles dunkel und schwer erscheint,
die jeder Schritt Kraft kostet.
Helle ihre Dunkelheit auf,
damit der Tag für sie erträglich wird.
Und halte deine schützende Hand über sie,
damit sie sich von deiner liebenden Gegenwart
eingehüllt wissen.
Amen.

Man braucht nicht nur Reden. Denn es gibt
viele Reden unter den Menschen in dieser Zeit.
Was nottut, ist die Tat. Das wird gesucht und
nicht Reden, die keine Frucht bringen.
ABBAS JAKOB

ICH SCHAUE, WO ICH LEBE

Gütiger und milder Gott, ich schaue heute Morgen
aus dem Fenster in mein Dorf, meine Stadt,
in die Straße, in der ich wohne.
Ich denke an die Menschen,
die dort in den Häusern wohnen.
Du weißt, wie es ihnen geht.
Und du weißt auch, was sie brauchen.
Halte deine segnende Hand über sie
und schenke ihrem Herzen,
wonach sie sich sehnen.

Du kennst die alte Frau,
die sich allein gelassen fühlt
von ihrer Familie.
Segne sie, zeige ihr deine Nähe.
Du kennst den jungen Mann,
der sich schwer tut,
sich auf die Realität des Alltags einzulassen.
Segne ihn und stärke ihn,
damit er sein Leben in die Hand nimmt.
Du kennst die junge Frau,
die von ihrem Freund verlassen worden ist,
die sich so einsam und verlassen fühlt
und an sich und ihrem Wert zweifelt.
Segne sie und tröste sie in ihrem Kummer.

Du kennst den Mann,
der seine Frau an Krebs verloren hat.
Er fühlt sich wie gelähmt.
Sei bei ihm und öffne ihm die Augen
für das Leben, das rings um ihn herum aufblüht.

Du kennst all die Menschen,
die in meiner Straße wohnen.
Tritt ein in ihre Häuser
und halte deine Hand segnend über sie,
damit sie bekommen, was sie brauchen
und wonach sie sich sehnen.
Amen.

Deine Achtung vor deinem Nächsten sei unabhängig davon, ob er nun gerade fern wäre oder bei dir. Wenn du hinter seinem Rücken nichts von ihm sagen würdest, was du nicht auch in Liebe vor seinem Angesicht sagen könntest, selig bist du!

FRANZISKUS VON ASSISI

ICH SENDE GOTTES SEGEN IN DIE WELT

Wenn Sie möchten, können Sie das folgende Gebet in der Segensgebärde beten: Sie halten die Hände erhoben, mit den Handflächen nach vorn, und stellen sich vor, dass Gottes Heiliger Geist und Gottes Liebe durch Ihre Hände zu den Menschen strömt, für die Sie beten.

Guter Gott,
ich erhebe meine Hände aus Dankbarkeit,
dass du mich zu deinem Sohn/zu deiner Tochter erhoben hast.
Ich sende durch meine Hände hindurch
deinen Segen in die Welt.
Lass deine Liebe durch meine leeren Hände strömen zu dem Menschen,
der mir am liebsten ist.
Hülle ihn ein mit deiner zärtlichen Gegenwart.

Ich sende durch meine Hände hindurch
deinen heiligen und heilenden Geist
zu dem Menschen,
dem es momentan schlecht geht.
Mir fällt die Arbeitskollegin ein,
deren Ehe zerrüttet ist,
der Freund in seiner beruflichen Krise,

die Menschen, die auf der Flucht sind,
denen ihre Lebensgrundlage entzogen wurde.
Lass sie alle deinen Geist spüren,
dass er sie wie ein schützender Mantel umgibt.

Ich sende durch meine Hände hindurch
deine göttliche Liebe
zu den Menschen, die sich ungeliebt, unerwünscht,
verlassen, abgelehnt fühlen.
Lass sie spüren, dass deine Liebe
in ihr verwundetes Herz strömt.
Lass sie die Wärme deiner Liebe fühlen
und vertreibe die Kälte aus ihrem Herzen.
Ich sende deinen Geist zu allen Menschen,
denen ich heute begegnen werde,
den Schülern, den Arbeitskollegen, den Freunden,
den Geschäftspartnern, den Klienten.
Erreiche sie mit deinem Geist der Liebe
und der Hoffnung, bevor ich ihnen begegne.
Öffne durch deinen Geist uns alle,
damit wir einander achtsam begegnen
und das göttliche Geheimnis im anderen sehen
und daran glauben.
Und lass du die Begegnung gelingen. Amen.

Hören wir mit aufgewecktem Ohr, wozu uns die Stimme
Gottes täglich mahnt und aufruft: Heute, wenn ihr
seine Stimme hört, verhärtet eure Herzen nicht.
AUS DER BENEDIKTSREGEL

ICH ÖFFNE DEN HIMMEL ÜBER MEINEM LEBEN

Wenn Sie möchten, können Sie das folgende Gebet in der sogenannten «Oranten-Haltung» beten. Sie strecken die Hände nach oben und breiten sie aus zu einer weiten Schale.

Herr Jesus Christus, ich danke dir für den Tag,
den du mir wieder geschenkt hast.
Du wirst mich heute begleiten
zu allem, was ich tue.

Ich öffne im Gebet den Himmel über meinem Leben,
damit ich bei allem, was ich tun werde,
um die Weite deines Himmels weiß,
der über mir ist.
Ich öffne den Himmel über diesem Haus,
damit alle Bewohner heute
mit einem weiten Herzen zu leben vermögen.

Ich öffne den Himmel über den Menschen,
denen der Himmel grau und verhangen erscheint,
deren Blick nur auf das Dunkle
in ihrem Leben gerichtet ist.
Öffne ihre Augen
für die Schönheit deines Himmels,
für das Licht deiner Liebe.
Ich öffne den Himmel über dieser Stadt.

Lass die Menschen nicht fixiert sein
auf das Vordergründige.
Lass sie den Himmel über sich spüren,
der ihrem Leben Sinn gibt,
der in ihre Hektik Weite und Ruhe bringt.

Ich öffne den Himmel über diesem Land
und über der ganzen Erde.
Dein Himmel möge uns alle miteinander verbinden.
Er möge uns zeigen,
dass keiner von uns den Himmel besitzen kann,
dass er uns allen gemeinsam gehört.
Lass uns im Blick auf den Himmel erkennen,
dass unsere wahre Heimat im Himmel ist,
dass über jedem von uns die Verheißung
ewigen Lebens und ewiger Herrlichkeit steht.
Amen.

Jene Himmelsleiter, die Jakob im Traum erschien und auf der er Engel auf- und niedersteigen sah, ist unser irdisches Leben, das der Herr zum Himmel richtet, wenn unser Herz demütig ist.

AUS DER BENEDIKTSREGEL

Abendgebete

Wenn das Haus nicht baut der Herr,
die Bauleute mühen sich vergeblich.
Wenn die Stadt nicht behütet der Herr,
so wacht vergeblich der Wächter.
Umsonst, wenn ihr euch erhebt noch vor dem Tag,
euch müht bis spät in die Nacht:
Ihr esst das Brot einer harten Mühsal –
denen, die er liebt,
gibt es der Herr im Schlaf.
PSALM 127,1–2

ICH LASSE LOS

Mein Gott,
ich bin müde von der Arbeit des Tages.
Ich kann keinen klaren Gedanken fassen.
Ich übergebe dir diesen Tag mit allem, was war,
mit dem, was gelungen und was misslungen ist,
was mich erfreut und was mich enttäuscht hat.
Vor dir gehe ich diesen Tag nochmals durch,
vom Aufstehen bis jetzt.
In jedem Augenblick warst du bei mir.
Du hast mich berührt im Wort der Schrift,
im Blick der freundlichen Verkäuferin,
in den zärtlichen Händen des Freundes.

Ich kann dir nichts vorweisen.
Aber ich bin dankbar,
dass ich diesen Tag erlebt habe
und dass du bei mir warst
und mich beschützt hast.
Ich übergebe dir den Tag mit seinen Sorgen.
Ich lasse alles los, was war,
den Ärger, die Probleme, die aufgetaucht sind.
Ich kann sie jetzt nicht lösen.
Ich kann das misslungene Gespräch
nicht wiederholen.
Ich bitte dich, schaffe du aus dem,
was ich dir hinhalte, Segen und Heil.

Lass die Begegnungen den Menschen
zum Heil werden.
Ich habe versucht, den Tag so zu leben,
wie es mir möglich war,
in deinem Geist zu handeln.
Ich weiß nicht, ob es mir gelungen ist.
Ich will das jetzt auch nicht prüfen.
Ich überlasse dir das Urteil
und vertraue mich deiner barmherzigen Liebe an.
Lass mich in ihr geborgen sein und ausruhen,
damit ich morgen von dir aufgerichtet
den neuen Tag beginnen darf in deinem Namen
und in der Kraft deines Geistes. Amen.

Dass ich doch immer wohnen dürfte in deinem
Zelt, im Schatten deiner Flügel geborgen.
PSALM 61,5

ICH HALTE GOTT MEINE HÄNDE HIN

Wenn Sie wollen, können Sie das folgende Gebet in der Gebärde der Schale beten. Halten Sie Ihre Hände vor sich hin wie eine offene Schale.

Herr, ich halte dir meine Hände hin,
alles, was sie heute in die Hand genommen haben,
alles, was mir gelungen und misslungen ist.
Ich halte dir die Menschen hin,
denen ich heute die Hand gereicht habe,
und die, denen ich sie verweigert habe.
Ich halte dir hin,
was ich geformt und gestaltet habe
und was mir aus der Hand geglitten ist.

Ich halte dir in meinen Händen diesen Tag hin,
so wie er war.
Ich verzichte darauf, zu beurteilen
und zu bewerten, was war.
Ich überlasse dir das Urteil.
Ich vertraue dir,
dass du alles verwandeln kannst,
was heute war.

Ich übergebe dir den Tag.
Manchmal hatte ich das Gefühl,
dass mir alles zwischen den Fingern zerrinnt,

dass der Tag nur Stückwerk war.
Füge du zusammen, was zerstückelt ist.
Ich lege meinen Tag und alles,
was ich heute in die Hand genommen habe,
in deine guten und zärtlichen Hände.
Halte du deine schützende Hand über mich.
Lass mich heute Nacht
in deiner guten Hand geborgen sein.

Du hast deinen Namen in meine Hand geschrieben
und meinen Namen in deine Hand.
So lass mich in dieser Hand spüren,
dass ich in dir bin und du in mir.
In dir darf ich ruhen.
Und du wirst bei mir und in mir sein,
wenn ich schlafe.
Lass dein Licht in meinem Herzen leuchten,
wenn ich mich nun
der Dunkelheit der Nacht anvertraue.
Und halte deine schützende Hand
über meine Familie und über alle,
die mir lieb sind. Amen.

Wollte ich Flügel mir leihen vom Morgenrot
und ließe mich nieder am fernsten Gestade:
Auch dort noch wird deine Hand mich geleiten
und halten mich deine Rechte.
PSALM 139,9

IN MIR IST DER RAUM DER STILLE

Wenn Sie möchten, können Sie das folgende Gebet in der Gebärde der über der Brust gekreuzten Arme beten.

Herr Jesus Christus,
ich kreuze die Arme über meiner Brust.
Ich halte am Abend dieses Tages inne
und schließe die Türe zu,
damit niemand eintreten kann
in den inneren Raum des Schweigens.
Da haben die Sorgen und Probleme des Tages
keinen Zutritt.
Da haben die Ängste um die Zukunft
kein Recht, einzutreten.
Die Menschen, für die ich heute da war,
meine Freunde, sie alle bleiben draußen.
Ich denke an sie und bete für sie.
Aber ich schließe die Türe zu,
damit ich jetzt mit dir allein sein kann.
Wenn du, das Geheimnis, in mir wohnst,
dann kann ich bei mir selbst daheim sein.
In diesem inneren Raum
ist die Quelle deines Heiligen Geistes.
Aus ihr kann ich nehmen,
ohne mich zu verausgaben.

Auch wenn ich mich müde und erschöpft fühle,
so weiß ich doch, dass deine Quelle
in mir nie versiegt,
weil sie göttlich ist.
In diesem Raum der Stille
kann mich niemand verletzen.
Da können auch die Selbstvorwürfe
und Schuldgefühle nicht hindringen.
Da darf ich ganz ich selbst sein,
mit dir und in dir.
Da ahne ich Heimat und Geborgenheit,
Freiheit und Stimmigkeit.
Da ist alles in mir heil.

Lass mich heute Nacht
in diesen inneren Raum eintauchen
und allein mit dir sein.
Dann bin ich wirklich all-ein, all-eins,
mit allem eins, mit allem einverstanden.
Denn du, Herr, bist für mich Eins und Alles.
Wo du bist, da bin ich ganz ich selbst.
Da ahne ich, welche Gnade darin liegt,
einfach nur zu sein,
ganz im Augenblick zu sein,
ganz in dir zu sein. Amen.

Wie ein Kind auf dem Schoß der Mutter,
wie ein Kind, so ruht meine Seele in mir.
PSALM 131,2

HEILSAM UND GUT WIRD DER SCHLAF

Barmherziger und guter Gott,
ich halte dir heute Abend
all die Menschen hin,
denen ich heute begegnet bin.
Ich danke dir für die Menschen,
die mir ein gutes Wort gesagt haben,
aber auch für die,
die mich herausgefordert haben
durch ihre Kritik.
Ich danke dir für die Menschen,
an denen ich heute gewachsen bin.

Ich denke heute Abend
an alle Menschen in meiner Straße,
für die ich heute Morgen gebetet habe.
Ich bitte dich jetzt auch für sie.
Du weißt, wie ihr Tag heute war,
was sie erlebt und erlitten haben.
Schenke ihnen Dankbarkeit und Zufriedenheit,
innere Gelassenheit und Freude.
Verwandle in ihnen, was dunkel und schwer war.
Befreie sie von dem, was sie belastet.
Nimm ihren Tag so an, wie er war,
unvollständig, brüchig und leer.
Schenke allen eine ruhige Nacht,
dass sie im Frieden schlafen.

Und sende ihnen deine heiligen Engel,
dass sie bei ihnen wachen,
damit ihr Schlaf für sie heilsam wird und gut.
Amen.

Mit seinen Flügeln beschirmt dich der Herr,
unter seinen Fittichen bist du geborgen,
seine Treue ist dir ein schützender Schild.
PSALM 91,4

ICH LEBE AUS GOTTES LIEBE

Barmherziger Gott,
ich stehe heute mit leeren Händen vor dir.
Ich habe das Gefühl,
dass mir heute nichts gelungen ist.
Ich kann dir nichts vorweisen.
Es war schwer heute mit all dem,
was auf mich eingestürmt ist.
Ich fühle mich müde.
Ich kann dir nicht viel sagen.
Ich weiß nicht, wie ich all das
beurteilen soll, was heute war.
Ich kann es nicht einordnen.
Doch ich muss es auch nicht.
Ich übergebe es dir im Vertrauen,
dass du alles zum Guten lenkst.

Nimm das Unvollendete und Brüchige dieses Tages,
und verwandle es, damit es zum Segen wird
für mich und für die Menschen.
Sende deinen Geist jetzt den Menschen,
mit denen ich gesprochen habe,
denen ich etwas schuldig geblieben bin.
Ich kann es jetzt nicht ändern
oder wieder gutmachen.

Berühre du die Herzen dieser Menschen,
damit sie sich durch die Missverständnisse
nicht gelähmt fühlen, sondern daraus lernen,
den Grund allein in dir zu finden.

Gott, sende auch mir deinen Heiligen Geist,
damit ich mich von diesem ermüdenden und
enttäuschenden Tag hinführen lasse zu dir.
Du hast mir heute gezeigt,
dass ich nicht auf mein Können,
auf meinen Willen, auf mein Tun bauen kann,
dass ich nicht von Erfolg
und Anerkennung leben kann,
sondern allein aus deiner Liebe.
Erfülle mich jetzt mit deiner Liebe,
damit ich in Frieden schlafen kann,
gehalten von deinen liebenden Armen,
zur Ruhe gebracht von deinen Engeln,
die du mir sendest,
um mir deine liebende Nähe zu zeigen.
Amen.

Rufst du mich an, so höre ich dich, in allen Nöten bin ich dir nahe, ich befreie dich und bringe dich zu Ehren. Ich verleihe dir die Fülle der Tage und lasse dich schauen mein Heil.

NACH PSALM 91,15–16

ICH BEZEICHNE MICH MIT DEM KREUZ

Herr Jesus Christus, ich denke heute Abend
an deinen Tod am Kreuz.
Du bist auch für mich gestorben.
Du bist dem Tod nicht ausgewichen.
Du bist deinen Weg bis zum Ende gegangen.
Du hast uns am Kreuz bis zum Ende,
bis zur Vollendung geliebt.
Wenn ich auf dein Kreuz schaue,
so erlebe ich deine ausgebreiteten Arme
als Einladung, mich von dir umarmen
und lieben zu lassen.
Und ich schaue auf das Kreuz,
das alle Gegensätze dieser Welt
miteinander versöhnt.

Alles Gegensätzliche und Widersprüchliche in mir
ist von deiner Liebe berührt.
Wenn du alles in mir liebst,
auch meine Schattenseiten,
dann gibt es nichts in mir,
was ich ablehnen darf.
Schenke mir von deinem Kreuz herab die Liebe,
mit der ich alles in mir zu lieben vermag.

Ich bezeichne mich nun
mit dem Zeichen des Kreuzes.

Ich ritze gleichsam deine göttliche Liebe
in meinen Leib,
um mich zu vergewissern, dass alles
in mir und an mir geliebt ist.
Ich berühre mit meiner rechten Hand
meine Stirn und denke daran,
dass du mich ausgedacht und geschaffen hast.
Ich ritze deine Liebe in meinen Unterbauch,
in meine Vitalität und Sexualität,
und danke dir, dass du hinabgestiegen bist
in meine Menschlichkeit.
Und ich ziehe meine Hand
von der linken zur rechten Schulter
und bitte dich,
dass du das Linke zum Rechten wendest,
dass du in mir das Unbewusste
mit dem Bewusstsein verbindest,
das Herz mit dem Handeln,
das Weibliche mit dem Männlichen
und dass du in alle Bereiche
meines Leibes und meiner Seele
deine heilende und verwandelnde Liebe
strömen lässt. Amen.

Du bist es, der mich aus dem Mutterschoß geführt, du ließest mich sorglos ruhn an der Brust meiner Mutter. Dir bin ich zu Eigen von Anbeginn, vom Schoß meiner Mutter an bist du mein Gott.

PSALM 22,10–11

Samstag am Morgen

Wenn das Haus nicht baut der Herr,
die Bauleute mühen sich vergeblich.
Wenn die Stadt nicht behütet der Herr,
so wacht vergeblich der Wächter.
PSALM 127,1

Man brachte auch kleine Kinder zu Jesus, damit er sie berühre. Als das die Jünger sahen, schalten sie die Leute. Doch Jesus rief sie zu sich und sagte: Lasst die Kinder zu mir kommen und hindert sie nicht; denn für solche ist das Reich Gottes. Wer das Reich Gottes nicht annimmt wie ein Kind, wird nicht hineingelangen.
LUKAS 18,15–17

ICH NEHME WAHR, WAS GOTT MIR SCHENKT

Barmherziger und guter Gott, ich danke dir
für diesen neuen Tag, für den freien Tag,
den du mir schenkst.
Lass mich die Freiheit genießen,
zu der mich Jesus Christus befreit hat.
Befreie mich von allen Sorgen,
die mich in dieser Woche geplagt haben.
Befreie mich von dem Druck,
den ich mir manchmal selber setze.
Befreie mich von allem Grübeln,
mit dem ich mir manchen Tag vergälle.
Und befreie mich von Schuldgefühlen,
mit denen ich mich manchmal zerfleische.
Du schenkst mir diesen Tag,
an dem ich machen kann, was mir gut tut.
Lass mich wahrnehmen,
was du mir heute schenken möchtest.
Lass mich auch die Menschen bewusst wahrnehmen,
denen ich heute begegne,
mit denen ich heute diesen Tag erlebe.
Nimm von mir alle Härte, alle Verschlossenheit,
alles Verkrampfte, damit von mir
eine gute und angenehme Ausstrahlung ausgeht,
dass sich die Menschen um mich herum
wohlfühlen können, weil sie sich beachtet
und angenommen wissen.

Ich denke an die Menschen,
die heute arbeiten müssen,
die auch am Wochenende von Sorgen geplagt sind.
Bringe Licht auch in ihr Leben.
Und ich denke an die Menschen,
die mit der Freiheit nichts anzufangen wissen,
die sich betäuben,
die vor sich selbst davonlaufen.
Öffne ihnen die Augen,
damit sie sich selber wahrnehmen
und gut mit sich umgehen,
dass sie das Geheimnis ihres Lebens entdecken.
Amen.

Der Wert unserer Aktivität hängt ab von der Demut,
mit der wir uns selbst annehmen, wie wir sind.
THOMAS MERTON

Samstag am Abend

Ein umherirrender Aramäer war mein Vater. Mit wenigen Leuten zog er hinab nach Ägypten und hielt sich dort als Fremdling auf. Als uns dann die Ägypter harten Sklavendienst auferlegten, schrien wir zum Herrn, und der Herr hörte auf unser Rufen und sah unser Elend, unsere Mühsal und Bedrängnis. Und der Herr führte uns aus Ägypten weg unter Zeichen und Wundertaten. Er brachte uns an diesen Ort, ein Land, das von Milch und Honig fließt.
NACH DEUTERONOMIUM 26,5–9

Jesus stieg mit seinen Jüngern in ein Boot und sagte zu ihnen: Wir wollen an das andere Ufer des Sees hinüberfahren. Und sie fuhren ab. Während sie fuhren, schlief er ein. Da stieß ein Sturm auf den See hinunter, sie wurden überflutet und kamen in Gefahr. Da traten sie zu ihm, weckten ihn und riefen: Meister, Meister, wir gehen zugrunde!
Er aber erhob sich, schalt den Wind und die Wogen; sie legten sich, und es trat Stille ein.
LUKAS 8,22–24

ICH BIN BERÜHRT VON GOTT

Guter Gott,
ich danke dir für diesen schönen Tag,
für alles, was ich heute erleben durfte.
Ich danke dir für diese vergangene Woche,
für alles, was du mir in dieser Woche
geschenkt hast.
Du warst in dieser Woche bei mir.
Du hast mir deine Engel geschickt,
damit sie mich begleiten und beschützen.
Du hast mir Menschen zur Seite gestellt,
die mir die Augen für die Wirklichkeit
geöffnet haben.
Du hast mich die Schönheit deiner Schöpfung
erleben lassen.

Du warst bei mir mit deinem Heiligen Geist.
Er war in mir eine Quelle,
aus der ich immer wieder schöpfen durfte,
wenn meine Kraft erschöpft war.
Du warst bei mir in deinem Sohn Jesus Christus.
Er ist mit mir meine Wege gegangen.
Er war bei mir in den Nächten,
in den Dunkelheiten,
in den Ängsten und in meiner Einsamkeit.

Aber er war auch bei mir in meiner Freude,
in meiner Dankbarkeit,
in den beglückenden Begegnungen
dieser Woche.
Du hast mir dein Wort geschenkt,
das mein Herz berührt hat.
In deinem Wort habe ich gespürt,
was wirkliches Leben ist.
Dein Wort hat meinem Leben einen neuen
Geschmack, einen göttlichen Geschmack,
den Geschmack der Liebe geschenkt.
So möchte ich mit deinen eigenen Worten
diesen Tag beschließen, mit einem Psalmwort,
das du mir in den Mund legst,
damit ich das Geheimnis dieser Nacht neu erlebe.
Amen.

Du erfüllst mein Herz mit Freude, mehr, als hätten
wir Wein und Weizen im Überfluss. Ich lege mich
nieder und schlafe in Frieden, denn du allein,
o Herr, lässt mich wohnen in Sicherheit.
PSALM 4,8–9

Sonntag am Morgen

Und Gott sah alles, was er gemacht hatte, und siehe, es war sehr gut. Und er ruhte am siebten Tag von seinem ganzen Werk, das er gemacht hatte.
AUS GENESIS 1

Und sehr früh am ersten Wochentag kamen die Frauen zum Grab, als eben die Sonne aufging. Sie sagten zueinander: Wer wird uns den Stein vom Eingang des Grabes wegwälzen? Doch als sie aufblickten, sahen sie, dass der Stein weggewälzt war; er war nämlich sehr groß. Sie gingen in das Grab hinein und sahen einen jungen Mann auf der rechten Seite sitzen, bekleidet mit einem weißen Gewand, und sie erschraken. Er aber sprach zu ihnen: Erschreckt nicht! Ihr sucht Jesus von Nazaret, den Gekreuzigten. Er ist auferweckt worden, er ist nicht hier.
MARKUS 16,2–6

ICH HABE TEIL AN GOTTES RUHE

Barmherziger und guter Gott,
du schenkst mir den Sonntag als Tag der Ruhe.
Du hast am siebten Tag ausgeruht
von deinen Werken.
Und du hast gesehen, dass alles gut war.
Lass mich heute teilhaben an deiner Sabbatruhe
und dankbar auf das schauen,
was in dieser Woche geworden ist.
Schenke mir nicht nur äußere Ruhe,
sondern inneren Frieden,
dass ich Ja sage zu allem, was in mir ist.
Lass mich mit dir über alles, was geworden ist, sprechen: «Es war sehr gut.»
Du schenkst uns den Sonntag
als heiligen Tag, als einen Tag,
der dem Terror der Termine entzogen ist,
über den die Welt mit ihrer Geschäftigkeit
keine Macht hat.
Heilige Zeit ist immer auch eine heilsame Zeit.
Heile heute die Menschen,
die in sich zerrissen und gefangen sind.
Bring sie in Berührung mit dem heiligen Raum,
der in ihnen ist und in dem du wohnst.
Dort, wo du in ihnen wohnst,
sind sie schon heil und ganz.

Der Sonntag ist der Gedenktag
der Auferstehung Jesu Christi.
So wie die Sonne
die Dunkelheit der Nacht besiegt,
so hat dein Sohn Jesus Christus
in der Auferstehung
die Finsternis des Todes überwunden.
Lass mich im Gedenken an Jesu Auferstehung
heute aufstehen aus dem Grab
meiner Resignation und meines Selbstmitleides.
Zerreiße die Fesseln, die mich innerlich binden,
und lass mich aufstehen zum Leben.
Wälze den Stein weg, der auf mir liegt
und der mich daran hindert,
mein eigenes Leben zu leben.

Ich denke aber auch an alle,
die nichts mit dem Gedanken
an die Auferstehung anfangen können.
Lass die Sonne deiner Gnade leuchten
über allen, die noch gefangen sind,
damit sie mit deinem Sohn Jesus Christus
aufstehen können
aus dem Grab ihres Gebundenseins
und die Freiheit und Weite deines Lebens
dankbar genießen.

Segne alle,
die heute ausruhen dürfen
von der Mühe ihres Alltags.
Und lass sie auch innerlich zur Ruhe finden,
damit sie erholt und erfrischt
die Woche beginnen können.
Amen.

In der Frühe wollen wir beten,
um die Auferstehung des Herrn
durch ein Morgengebet zu feiern.
CYPRIAN VON KARTHAGO

Sonntag am Abend

Danket dem Herrn, denn er ist gut:
In Ewigkeit währt sein Erbarmen.
Es spreche das Haus Israel:
In Ewigkeit währt sein Erbarmen
Es spreche Aarons Haus:
In Ewigkeit währt sein Erbarmen.
Sprechen sollen, die den Herrn fürchten:
In Ewigkeit währt sein Erbarmen.
PSALM 118,1–4

Die Jünger nötigten den Herrn und sprachen:
Bleibe bei uns; denn es will Abend werden,
und der Tag hat sich schon geneigt.
Und er ging hinein, um bei ihnen zu bleiben.
LUKAS 24,29

ICH LASSE MICH FALLEN IN LIEBENDE ARME

Väterlicher und mütterlicher Gott,
ich danke dir für diesen Tag
der Ruhe und Freude,
für den Freiraum, den du mir geschenkt hast.
Ich danke dir für alle Begegnungen,
die ich erfahren durfte,
aber auch für die Augenblicke des Alleinseins,
in denen ich in Berührung kam mit mir selbst.
Ich danke dir
für die Schönheit deiner Schöpfung,
die ich bestaunen durfte,
für den Spaziergang, der mich frei atmen ließ,
und für das Buch,
das ich in aller Ruhe lesen durfte.
Ich danke dir für dein Wort,
das mich heute berührt hat im Gottesdienst
(in meiner persönlichen Schriftlesung),
das mir eine neue Sicht geschenkt hat
für mein Leben.
Sende deine heiligen Engel,
dass sie mich behüten und hier bei mir wohnen.
Sie mögen zu mir im Traum sprechen
und mir Weisung geben für meinen Weg.
Und sie mögen mich bergen
in deiner heilenden und liebenden Nähe.

So lege ich mich in Frieden nieder
und lasse mich fallen in deine
liebenden und zärtlichen Arme.
Schütze mich und alle, die mir lieb sind,
damit wir morgen mit neuem Mut
den Alltag beginnen. Amen.

Unsere Hilfe ist im Namen des Herrn,
der Himmel und Erde geschaffen hat.
PSALM 124,8

Der siebte und der erste Tag

Gott ist der Herr der gestalteten Zeit. Sie ist im Anfang der Schöpfungswerke. Von ihr wird so gesprochen, dass das Ziel der ganzen Schöpfung darin deutlich wird: Indem Gott die Zeit im Anfang erschafft, ist die Zeit der «Ort», an dem er zu finden ist. Dem Schöpfungswerk der «sechs Tage» folgt noch ein Tag: Gott ruht am siebten Tag. Am siebten Tag geschieht nichts mehr, wohl aber geschieht mit diesem Tag etwas: Gott segnete den siebten Tag und heiligte ihn. Wer dem siebten Tag Platz einräumt in seinem Leben, unterbricht die verrinnende Zeit, die als etwas erscheint, das uns verbraucht, und entdeckt die Zeit als etwas, das uns Anteil an Gott gibt und vollendet. Der durch den siebten Tag gesetzte Rhythmus 6 + 1 verweist auf die Unverrechenbarkeit Gottes, die in seiner Andersheit und alles Menschliche übersteigenden Schönheit liegt. Der christliche Sonntag unterscheidet den ersten Tag der Woche von den übrigen. Vom Sabbat herkommend soll er der Orientierung dienen wie der Begegnung mit Gott und den Menschen als ein Tag, der «für den Menschen da» ist (Markus 2,27).
PAUL DESELAERS / DOROTHEA SATTLER

Segen für den Tag

Segnet! – denn dazu seid ihr berufen,
damit ihr Segen erbt.
1. PETRUSBRIEF 3,9

MORGENSEGEN

Barmherziger und guter Gott, segne
diesen Morgen, den du mir geschenkt hast.
dass es ein Tag des Heils werde, ein Tag,
der mir und den Menschen um mich herum
Segen bringt und Früchte trägt, die bleiben.
Segne mich und alles, was ich heute
in die Hand nehme, was ich anpacke,
berühre, forme und gestalte.
Lass meine Arbeit zum Segen werden für andere.
Segne mich, damit ich selbst zu einer Quelle
des Segens werden darf für die Menschen,
denen ich heute begegnen werde.

Segne die Menschen um mich herum.
Segne meine Familie, meinen Ehepartner,
meine Kinder, meine Freunde.
Segne vor allem die Menschen,
die es schwer haben mit sich selbst,
die sich nicht gesegnet fühlen,
sondern eher verflucht,
die so viele verletzenden Worte in sich tragen
und deine Segensworte überhören.
Halte deine segnende Hand über sie, damit
dein Segen alle Fluchworte aus ihnen vertreibt
und ihnen die Gewissheit schenkt,
dass ihr Leben Frucht trägt.

Segne ihre Schritte,
damit sie Schritte des Friedens werden.
Segne ihr Tun und Reden,
ihre Arbeit und ihr Ausruhn.
Segne die Räume meiner Wohnung.
Vertreibe aus ihnen alle negativen Gefühle,
die manchmal in ihnen hängen bleiben
von den Konflikten, die nicht geklärt wurden.
Segne die Räume meiner Arbeit, damit wir sie
in einem Raum des Segens verrichten.
Segne alle Räume meines Tages,
damit alle, die eintreten,
sich von deinem Segen umgeben wissen,
damit sich ihre Herzen öffnen und sie sich
von deinem Segen beschenken lassen.

So begleite mich und die vielen Menschen,
an die ich jetzt denke,
heute mit deinem Segen.
Amen.

SEGEN ÜBER DAS GEMEINSAME ESSEN

Barmherziger Gott,
du hast uns in deiner Schöpfung
viele gute Gaben geschenkt.
Segne diese Gaben,
die wir jetzt gemeinsam genießen dürfen.
Segne unser Miteinander,
damit wir uns gemeinsam an deinen Gaben freuen
und so Gemeinschaft erfahren,
die zusammengehalten wird von dir
und deinem Geist der Liebe.

Segne unsere Gemeinschaft,
dass wir einander annehmen, wie wir sind,
und dass wir jedem gönnen,
was er für seinen Weg braucht.
Segne diese Gaben,
dass sie uns Kraft spenden
für die Anforderungen des heutigen Tages.
Stärke durch diese Gaben unsere Gesundheit,
vertiefe unsere Freude am Leben
und unsere Freude an dir.

Wir danken dir für alle guten Gaben.
Wir danken dir,
dass du ein Gott des Lebens bist,
der uns diese Speisen genießen lässt.

Lass uns in ihnen deine Güte,
deine Fürsorge und Liebe für uns erfahren.
In deinen Gaben schmecken wir
deine Süßigkeit, deine Liebe.
Wir spüren, dass du in unseren Herzen
einen angenehmen und guten Geschmack
hinterlässt.
So schenke auch uns eine gute Ausstrahlung,
dass von uns ein guter Geschmack ausgeht
und die Menschen durch uns etwas
von deiner heilenden und erhellenden Gegenwart
erfahren.
Amen.

Alle Wesen warten auf dich, dass du ihnen
Speise gibst zur rechten Zeit. Du spendest
ihnen, und sie sammeln es ein, du öffnest deine
Hand, und sie werden gesättigt mit Gutem.
AUS PSALM 104

ABENDSEGEN

Barmherziger und guter Gott,
am Abend dieses Tages bitte ich
um deinen Segen für alle Menschen,
denen ich heute begegnet bin.
Bei manchen habe ich gespürt,
dass sie schwer an ihrem Leben tragen,
dass sie sich ungesegnet fühlen.
Halte du jetzt deine segnende Hand über sie
und segne ihren Abend und ihre Nacht.
Sende ihnen Träume, die sie mit Freude
erfüllen und mit der Gewissheit,
dass dein Licht sie umgibt
und deine Liebe sie durchdringt.
Verwandle durch heilende Träume
ihre Schwere und Dunkelheit,
ihre Angst und ihre Einsamkeit.
Zeige ihnen, dass du selbst
zu ihnen sprichst im Traum
und ihnen Weisung schenkst für ihr Leben.

Am Ende dieses Tages bitte ich dich
auch um deinen Segen für alles,
was ich heute begonnen habe.

Lass die Worte, die ich gesprochen habe,
und die Entscheidungen, die ich treffen musste
für mich und für die Menschen um mich herum
Segen bringen.
Segne meinen Schlaf, damit ich mich erhole
von der Last des Tages, damit ich im Traum
eintauche in deine heilende Gegenwart und
im Traum Weisung erhalte für den nächsten Tag.
Ich möchte mich in deine guten Hände
fallen lassen und alles dir anvertrauen,
damit du alles zum Besten führst.

Segne diesen Abend und diese Nacht
aber auch für alle Menschen, die Angst haben
vor dieser Nacht und vor der Dunkelheit,
die sich um sie legt.
Segne du ihre Nacht, dass sie für sie
zu einer heilenden und heilsamen Nacht wird,
zu einer Nacht, in der dein Licht stärker ist
als alle Dunkelheit.

So segne diesen Abend und diese Nacht,
die sich nun über die Welt breitet,
damit sie Frieden bringt und Segen für alle.
Amen.

GEBETE DES HERZENS

Was kein Auge gesehen und kein Ohr gehört hat
und was in keines Menschen Herz gedrungen ist:
All das hat Gott denen bereitet, die ihn lieben.
NACH 1. KORINTHERBRIEF 2,9

Sehnsucht des Herzens

Im Grunde unseres Herzens sehnen wir uns nach Gott. Der Heilige Geist, der «mit Seufzen, das wir nicht in Worte fassen können» (Römer 8,26) für uns eintritt, facht die Sehnsucht an, die in uns ist, von der wir aber oft genug im Getriebe des Alltags abgeschnitten sind. Beten heißt dann: Dass wir uns mit allem, was in uns ist, nach dem Gott der Liebe sehnen, der allein unsere Sehnsucht zu erfüllen vermag. «Willst du das Beten nicht unterbrechen, so unterbrich die Sehnsucht nicht» (Augustinus). Indem wir im Gebet mit der Sehnsucht unseres Herzens in Berührung sind, spüren wir, dass wir nicht nur Menschen dieser Erde sind, sondern zugleich Menschen des Himmels. Menschen, die jetzt schon in Gott sind.

ICH DANKE DIR FÜR JEDEN AUGENBLICK

Guter Gott, ich danke dir
für alles, was du mir geschenkt hast.
Du hast mir viele Fähigkeiten zugeteilt.
Du hast mir diesen Leib gegeben,
in dem meine Seele gerne wohnt,
in dem du selbst Wohnung genommen hast.
Mit ihm kann ich mich freuen, kann ich lieben,
aber auch arbeiten und Sport treiben.
Du hast mir gute Menschen geschenkt ...
Du hast mir immer im rechten Augenblick
einen Menschen geschickt,
der für mich zum Engel geworden ist und
mir weiter geholfen hat auf meinem Weg.
Du hast mich auf meinem Weg begleitet,
auch wenn ich dich manchmal nicht gespürt
oder mich nicht sehr für dich geöffnet habe.
Ich danke dir für jeden Augenblick.
Denn in jedem Augenblick bist du bei mir.
In jedem Augenblick willst du mich beschenken:
mit Begegnungen, die mich berühren,
mit Worten, die mir den Weg weisen,
mit einem Blick, der mein Herz öffnet.
Ich danke dir,
dass du mich so geschaffen hast, wie ich bin,
einzigartig und einmalig.

Du hast mich berufen, etwas von dir
in dieser Welt auszudrücken,
was nur durch mich ausgedrückt werden kann.
Ich danke dir für dieses Leben,
für jeden Augenblick, in dem ich atmen,
fühlen, lieben und mich freuen kann.
Ich danke dir, dass du bei mir bist
und mich bedingungslos annimmst,
Ich bitte dich,
dass ich dankbar durch das Leben gehe
und durch meine Dankbarkeit
auch den Menschen um mich herum
die Augen öffne für das Geheimnis
ihres Lebens. Amen.

IN MIR IST EINE QUELLE DER LIEBE

Guter Gott,
wie die meisten Menschen sehne ich mich danach,
zu lieben und geliebt zu werden.
Ich sehne mich nach einer Liebe,
die Bestand hat, auf die ich mich verlassen kann.
Schenke mir eine Liebe, die mich erfüllt
und die mich durch den Alltag trägt.

In mir ist eine Quelle der Liebe.
Sie verbindet mich mit meinem Herzen
und mit den Menschen um mich herum.
Lass mich in meinem Herzen
diese Quelle der Liebe entdecken.
Sie versiegt nicht und zerrinnt nicht,
weil sie von dir kommt.
Lass mich in all meinen Erfahrungen von Liebe
deine unendliche Liebe wahrnehmen.
Auf sie kann ich mich verlassen.
Schenk mir die Fähigkeit, die Liebe
aus der Quelle, die in mir fließt,
zu allem strömen zu lassen, was ist.
Die Liebe soll meinen Leib durchdringen.
Sie soll den Menschen gelten,
mit denen ich zusammen bin,
sie soll sie nicht überfordern und festklammern,
sondern freilassen und fördern.

Schenke meiner Liebe innere Freiheit
und zugleich Vertrauen und Festigkeit,
damit ich von ihr leben kann.
Die Liebe ist wirklich
– wie es in der Bibel heißt –
«das Band, das alles zusammenhält
und vollkommen macht» (Kolosser 3,14).
Amen.

VERWANDLE MEINE ZWEIFEL IN VERTRAUEN

Barmherziger Gott, ich sehne mich danach,
voller Vertrauen durch das Leben zu gehen.
Aber ich spüre oft Misstrauen und Angst.
Ich möchte dir vertrauen.
Und doch habe ich manchmal Zweifel,
ob ich dir trauen kann.
Verwandle du meine Zweifel in ein Vertrauen,
das deinen Worten und deiner heilenden und
liebenden Gegenwart traut.
Schenke mir dieses Vertrauen auch,
wenn ich vor schwierigen Situationen stehe
und nicht weiß, wie es weitergehen soll.
Lass mich vertrauen,
dass du mich in deinen guten Händen trägst,
dass du deine schützende Hand über mir hältst
und dass du mir den rechten Weg zeigst,
auf dem ich weitergehen soll.

Schenke mir auch Vertrauen in mich selbst.
Ich zweifle oft an mir, habe Angst,
was die andern von mir denken könnten.
Ich möchte gerne
ein so starkes Selbstvertrauen haben,
dass es mir nichts mehr ausmacht,
was andere über mich reden.

Aber ich möchte mich auch nicht
über die anderen stellen.
Ich möchte einfach voller Vertrauen
die/der sein dürfen, die/der ich bin,
frei von dem Druck,
mich vor andern beweisen zu müssen.

Schenke mir Vertrauen zu den Menschen,
auch zu denen, die mein Vertrauen
missbraucht haben. Lass mich trotz allem
an den guten Kern in ihnen glauben.
Gib mir ein Vertrauen, das den aufrichtet,
der nicht vertrauen kann,
das einen Raum um ihn schafft,
in dem er sich angenommen weiß und in dem
das, was in ihm steckt, aufblüht.
Du selbst hast Vertrauen in mich
und in die Menschen, mit denen ich lebe.
Amen.

EINFACH DA SEIN VOR DIR

Gütiger Gott, du Gott der Freiheit,
ich spüre oft, wie ich um mich selber kreise
und wie ich an mir selbst festhalte.
Bei allem, was ich tue, frage ich mich,
ob es auch gut genug ist
oder was es mir nützt.
Wenn ich bete, denke ich
an die tausend Dinge, die gerade anstehen.
Ich möchte mich im Gebet so gerne einfach
loslassen, einfach nur vor dir da sein,
deine Gegenwart wahrnehmen.
Ich möchte frei werden von der Sucht,
alles auf mich zu beziehen und
alles zu beurteilen.

Lass mich einfach da sein,
ohne darüber nachzudenken, wie weit ich
auf meinem Weg zu dir schon bin.
Ich möchte mich im Gebet vor dir
vergessen können, damit nur noch
deine Gegenwart zählt.

Aber ich weiß um meine Ohnmacht.
Mein Ego, das alles auf sich bezieht,

das alles beurteilt, das mit allem,
was es tut, etwas erreichen will
– sogar mit dem Gebet – ,
stellt sich immer störend dazwischen.
So bitte ich dich um die Fähigkeit,
alles, was mich bewegt, all meine
bewertenden Gedanken und mich selbst
auf dich hin loszulassen.

Ich ahne,
dass dieses Mich-Vergessen mich befreit.
Ich möchte einfach nur
vor dir sein, in dir sein.
damit deine Liebe
die eigentliche Wirklichkeit wird,
um die es geht.
Amen.

ICH BETE DICH AN

Allmächtiger und ewiger Gott,
du heiliger und unbegreiflicher Gott.
Ich falle vor dir nieder und bete dich an.
Schenk mir den Geist wahrer Anbetung,
in der ich ganz und gar von dir ergriffen bin
und mich selbst vergessen kann.
Ich sehne mich danach,
in der Anbetung so von dir angerührt zu werden,
dass alles Denken über meine eigene Befindlichkeit
nicht mehr wichtig ist.
Wenn ich dich so anbeten könnte,
dann wäre ich wahrhaft frei
von meinem engen Ich,
das ständig um sich selbst kreist
und immer wissen möchte,
welchen Nutzen es vom Gebet hat.

Du bist mein Schöpfer,
und ich bin dein Geschöpf.
Ich bete dich an als meinen Herrn
und Schöpfer, als den, dem ich alles verdanke,
der mich jeden Augenblick im Dasein hält.
Erfülle mich mit dem Geist der Anbetung,
damit mir deine unendliche Größe aufgeht
und deine Liebe mich so erfasst,
dass nichts anderes mehr wichtig ist.

Dann wirst nur noch du mein Sein bestimmen.
Und ich werde mich verneigen
vor deiner unbegreiflichen Liebe.

Heiliger Gott, erfülle meine Sehnsucht,
damit ich dich in rechter Weise anbete
und in der Anbetung frei werde
von allem Kreisen um mich selbst.
Amen.

EINSTIMMEN IN DAS LOB DER ENGEL

Allmächtiger, ewiger Gott,
«vor dem Angesicht der Engel will ich
dir Psalmen singen» (Psalm 138,1).
Das Wort aus den Psalmen öffnet mir die Augen
für das Geheimnis unseres Betens und Singens.
Wir beten nicht nur für uns.
Wir erfüllen nicht nur eine religiöse Pflicht.
Wir tauchen vielmehr ein in den Gottesdienst
des Himmels, in den Lobgesang der Engel,
die um deinen Thron stehen und dir
das Dreimal-Heilig zusingen.
Ich sehne mich danach, in meinem Gebet
mit den Engeln dein Antlitz zu schauen.

Oft schaue ich beim Beten auf mich selbst
und auf meine Probleme. Schenke mir Anteil
an dem ungeteilten Blick der Engel.
Die Engel gehen auf in ihrem Lobpreis.
Sie sind in ihrem Lob ganz und gar
auf dich gerichtet.
Schenke mir Anteil an diesem Lob der Engel,
damit ich im Loben mich selbst vergesse
und nur auf dich schaue, den Schöpfer
der ganzen Welt, den, der alles trägt,
den, der jetzt gegenwärtig ist.

Wenn ich dich – wie die Engel –
mit ungeteiltem Herzen lobe,
dann werde ich meinem Wesen gerecht
als ein Geschöpf, das sein Dasein dir verdankt.

Wenn du im Mittelpunkt stehst,
dann – so hoffe ich – komme auch ich
in meine Mitte und dann öffnet sich
über der Welt um mich herum der Himmel.
Dann kommt diese Welt in Ordnung.
So lass mich einstimmen
in den Lobgesang der Engel
und schenke mir Anteil an ihrer Leichtigkeit.
Amen.

ES FÄLLT MIR SCHWER, MICH ANZUNEHMEN

Barmherziger Gott,
es fällt mir so schwer,
mich selbst anzunehmen.
Es gibt so vieles, was mich an mir stört:
meine Ungeduld, meine Unruhe,
meine Oberflächlichkeit, meine Empfindlichkeit.
Ich halte dir alles hin,
was mich an mir ärgert.
Ich weiß, dass du mich bedingungslos annimmst.
Du beurteilst und verurteilst mich nicht.
Ich selber bin es,
der so unbarmherzig mit mir umgeht.
Oder aber es ist der innere Richter in mir,
den ich einfach nicht abstellen kann.
Ich halte dir meine Ohnmacht hin,
und vertraue darauf,
dass deine Annahme stärker ist
als meine Unfähigkeit, mich anzunehmen.
Ich halte dir meine leeren Hände hin.
Du wirst meine Leere
mit deiner Liebe ausfüllen.
Du nimmst mich an mit allem,
was ich nicht anzunehmen vermag
Auch wenn ich weiß, dass du mich annimmst,
fällt es mir schwer, daran zu glauben.

Manchmal möchte ich auch vor dir
die Seiten verstecken,
die ich selbst nicht anschauen will.
Aber jetzt will ich es wagen.
Schau auf meine Hände,
in denen ich dir meine Wahrheit hinhalte.
Schau in mein Herz.
Ich will es nicht vor dir verschließen.
Ich lasse dich in alle Abgründe
meiner Seele schauen, damit dein gütiger Blick
alles in mir verwandelt.
Wenn deine Liebe alles in mir durchdringt,
dann vermag auch ich, alles in mir
mit einem wohlwollenden Blick anzuschauen.
Dann finde ich den Mut,
auch selber gütiger mit mir umzugehen und
im Vertrauen auf deine bedingungslose Liebe
mich selbst zu lieben,
so wie ich geworden bin.
Amen.

MEIN GEWISSEN KLAGT MICH AN

Gütiger Gott,
mein Gewissen klagt mich an.
Ich spüre in mir viele Selbstvorwürfe.
Immer wieder werfe ich mir vor.
Ich kann nicht mehr rückgängig machen,
was ich getan oder gesagt habe.
Aber ich will aufhören,
mich selbst zu beschuldigen.
Ich verzichte auch darauf,
mich zu entschuldigen.
Denn ich spüre, dass ich dann
immer wieder neue Gründe brauche,
um mich schuldlos zu fühlen.
Ich halte dir einfach hin, was in mir ist.
Ich überlasse es deinem Urteil.
Doch ich vertraue,
dass du alles in mir annimmst,
auch das, was nicht so gut war,
wo ich schuldig geworden bin.

Ich halte dir mein Herz hin mit all dem,
was jetzt in mir auftaucht.
Auch meine Enttäuschung halte ich dir hin.
Dann bricht sie mich auf für dich.

Dann zeigt sie mir, dass ich nicht auf mich
oder auf meine Gefühle bauen kann,
sondern letztlich nur auf dich
als den wahren Grund meines Lebens.
Denn vor dir darf alles sein.

In deinem liebenden Blick
verliert all das Negative in mir an Macht.
Es ist noch da, aber es hat mich
nicht mehr im Griff.
Wenn ich mich dir schutzlos aussetze,
dann komme ich wirklich zur Ruhe.
Dann hört mein Herz auf,
mich selbst anzuklagen.
Es geht mir auf, was in der Heiligen Schrift
geschrieben steht:
«Wenn das Herz uns auch verurteilt –
Gott ist größer als unser Herz,
und er weiß alles» (1 Johannesbrief 3,20).
Amen.

WARUM DIESES LEIDEN?

Allmächtiger und barmherziger Gott,
ich verstehe einfach nicht,
warum du mir dieses Leid zugemutet hast.
Ich habe doch immer versucht,
deine Gebote zu befolgen, zu beten und
aus dem Geist Jesu Christi zu leben.
Warum hast du dieses Leid
nicht von mir abgewendet?
Du bist doch allmächtig!
Wenn du barmherzig bist,
warum hast du mich dann nicht
vor all diesen Schmerzen bewahrt?
Ich spüre in mir die Versuchung,
mich dir gegenüber zu verschließen:
«Es hat ja doch alles keinen Zweck.»
«Es hilft nicht, wenn ich zu dir bete.»
«Es geschieht ja doch,
wie es offensichtlich geschehen muss.»
Aber ich will trotzdem nicht von dir lassen.
Meine Geschichte mit dir ist mir zu wichtig,
als dass ich dich aufgebe und von dir ablasse.
Ich halte es mit den frommen Juden,
die dich anklagen, aber sich vom Leid
nicht abbringen lassen, zu dir zu schreien.

So schreie ich zu dir in meinem Schmerz.
Höre mich, dass mein Schmerz sich lindert.
Verbirg dein Gesicht nicht vor mir!
Sende mir deinen Heiligen Geist,
dass ich mich selber nicht aufgebe,
sondern meinen Weg weitergehen kann.

Zeige dich mir
als gnädiger und barmherziger Gott.
Verwandle du mein Leid,
damit ich durch die Tränen hindurch
dich wieder erkenne als den,
der mich in keinem Augenblick meines Lebens
verlassen hat und alle Wege mit mir geht.
Amen.

ICH HABE ANGST

Herr, ich habe Angst.
Ich möchte ja auf dich vertrauen.
Aber wenn die Angst nach mir greift,
ist mir, als ob du gar nicht da wärest.
Was soll ich machen, wenn die Angst
alles in mir beherrscht?
Ich flüchte zu dir.
Was willst du mir sagen durch meine Angst?
Habe ich die Maßstäbe für mich
zu hoch gesetzt? War ich maßlos?
Und du willst mich darauf aufmerksam machen,
meinem Maß entsprechend zu leben?
Ich halte dir meine Ängste hin und bitte dich:
Zeige mir, worauf du mich in meiner Angst
hinweisen möchtest.
Aber gib mir auch festen Halt,
damit ich nicht in meiner Angst versinke.
Lass mich auf dich als festen Grund bauen,
damit die Angst mein Lebenshaus
nicht zu zerstören vermag.
Ich habe schon viel nachgedacht
über meine Ängste.
Ich habe mit anderen darüber gesprochen.
Aber trotzdem komme ich nicht von ihnen los.
So flüchte ich mich zu dir mit meiner Angst.

Ich weiß, dass du sie mir nicht einfach
wie mit einem Schwamm wegwischst.
Aber ich vertraue darauf,
dass du mir deinen Engel
in meine Angst schickst,
damit sich meine Angst wandelt.

Sende mir deinen Geist, stärke mich
und führe mich an den inneren Ort in mir,
zu dem die Angst keinen Zutritt hat.
Dort wird die Angst entmachtet.
Lass mich von diesem inneren Ort aus
gemeinsam mit dir auch in die Bereiche
meiner Seele vordringen,
die noch von der Angst besetzt sind.
Wenn du mit mir eintrittst
dann werden immer mehr Räume
von deinem Vertrauen, von deinem Licht,
von deiner Klarheit erfüllt.
Sei du bei mir in meiner Angst
und verwandle sie.
Amen.

ICH KOMME ZU DIR MIT MEINER KRANKHEIT

Heiliger Gott, du bist der wahre Arzt
meiner Seele und meines Leibes.
Ich komme zu dir mit meiner Krankheit.
Ich hatte gedacht,
ich wäre im Einklang mit meinem Körper.
Doch jetzt hat mich diese Krankheit erfasst.
Ich bin enttäuscht über mich selbst.
Und ich bin wütend, dass die Krankheit
mir einen Strich durch meine Rechnungen macht.
Ich muss so viele Termine absagen.
Manches, was ich mir vorgenommen habe,
werde ich nie mehr erfüllen können.
Warum hat mich diese Krankheit getroffen?
Was habe ich falsch gemacht?
Was habe ich bei mir übersehen?
Was will mir die Krankheit sagen?

Barmherziger Gott, ich verzichte darauf,
die Ursachen meiner Krankheit zu erforschen.
Ich weiß nicht, warum sie mich getroffen hat.
Aber ich bitte dich,
mir in meiner Krankheit beizustehen.
Heile du meine Wunden.
Lass deinen heilenden Geist,
deine heilende Liebe in meine Wunden strömen,
damit sie sich schließen.

Stärke mich in meiner Krankheit,
dass ich sie tragen kann,
dass ich von ihr aufgebrochen werde
für mein wahres Selbst.

Ich spüre, wie ich gegen dich rebelliere.
Aber ich halte trotzdem an dir fest.
Ich lasse in der Krankheit nicht von dir los.
Ich möchte wissen, wer du bist.
Du zeigst dich in meiner Krankheit anders
als bisher. Aber ich vertraue darauf,
dass du mich nicht verlässt
und dass du mir neu aufgehst
als der unbegreifliche Gott
und doch in aller Unbegreiflichkeit
als der Gott, der mich liebt.
Amen.

Ich bin die Auferstehung und das Leben.
Wer an micht glaubt, wird leben,
auch wenn er stirbt.
Und jeder, der lebt und an mich glaubt,
wird in Ewigkeit nicht sterben.
JOHANNES 11,25–26

ÜBER DEN TOD HINAUS

Herr Jesus Christus, du sprichst:
«Ich bin die Auferstehung und das Leben.»
Das scheint mir manchmal so schwer zu glauben.
Doch wenn ich an die Menschen denke,
die ich sehr geliebt habe,
werden deine Worte zum Trost für mich.
Sie sagen mir, dass der Tod
nicht das letzte Wort ist.
Der Tod vermag uns im Tiefsten nicht zu trennen.
Wir werden im Tod
nicht aus deiner Liebe fallen, guter Gott.
Und der Tod wird auch die Liebe
nicht zunichte machen,
die uns Menschen miteinander verbindet.

Weil du die Auferstehung und das Leben bist,
ist die Liebe stärker als der Tod.
Ich kann mit meinen lieben Verstorbenen
nicht mehr sprechen,
sie nicht mehr umarmen und spüren.
Aber da sie nun bei dir sind,
sind sie auch bei mir.
Und im Gebet und im Gottesdienst
kann ich auch die Gemeinschaft mit ihnen spüren.

Manchmal sprechen sie zu uns im Traum.
Dann wissen wir, dass wir weiter begleitet sind
und sie uns den Rücken stärken.

Herr Jesus Christus, manche Menschen
lassen sich auf keine Beziehung mehr ein,
wenn sie einen geliebten Menschen verloren haben.
Wie gut es ist da zu glauben,
dass du die Auferstehung der Toten bist!
Die Liebe, die wir zu unseren Verstorbenen spüren,
geht nicht verloren.
Du verwandelst sie nur.
Daher kann ich weiter aus ihr leben.
Denn unsere Toten sind in dich hinein gestorben,
in die ewige und göttliche Liebe,
die uns miteinander verbindet
und die auch der Tod nicht aufheben kann.
Amen.

GEBETE DES SEGENS

Der allwaltende Gott ist mir erschienen.
Er hat mich gesegnet und zu mir geredet:
Siehe, dein Leben wird fruchtbar sein.
NACH GENESIS 48,3–4

Ansteckender Segen

Wenn wir in uns hineinschauen, treffen wir nicht nur auf die Asche verbrannter Hoffnungen, sondern auf eine starke Glut der Liebe. Beten heißt: die Glut der göttlichen Liebe wieder in mir spüren und mich von dieser Glut erwärmen und beleben lassen, damit sie durch mich auch andere wärme. Beten heißt: das Feuer in mir zu hüten, damit von diesem Feuer der göttlichen Liebe auch ein Funke auf die überspringen kann, mit denen ich zu tun habe und die mir am Herzen liegen.

SEGEN FÜR DEN EHEPARTNER

Barmherziger Gott,
segne meinen Mann (meine Frau)
und halte schützend deine Hand über ihn (sie).
Ich danke dir für diesen Menschen,
den du mir zur Seite gestellt hast,
mit dem ich mein Leben teilen darf.
Du hast mich durch ihn gesegnet.
Ich habe so viel durch ihn empfangen.
So bitte ich dich:
Sende ihm (ihr) deinen Heiligen Geist.
Bring ihn (sie) durch deinen Geist
in Berührung mit der inneren Quelle der Liebe,
die nie versiegt, weil sie göttlich ist.
Lass ihn (sie) immer aus dieser Liebe trinken,
auch wenn Gefühle sich manchmal verflüchtigen
oder schwächer werden.
Lass uns gemeinsam
an diese Quelle der Liebe glauben,
die uns im Tiefsten miteinander verbindet.
Segne unsere gemeinsame Liebe,
dass sie uns immer tiefer zusammenführt
und uns Anteil schenkt
an deiner göttlichen Liebe, die in uns fließt.
Segne seine (ihre) Arbeit,
damit sie ihm (ihr) Freude bereitet und
damit davon Segen ausgeht für die Menschen.

Begleite ihn (sie) auf allen Wegen,
dass er (sie) sich von dir behütet weiß
und überall deine liebende Nähe spürt.
Schenke ihm (ihr) inneren Frieden,
dass er (sie) sich im Einklang weiß
mit sich selbst und seinen (ihren) Weg geht
voll Vertrauen in die Zukunft.

Segne unsere gemeinsame Zukunft,
dass wir einander stützen und wachhalten
und so sensibel bleiben für das,
was du uns zutraust, für den Segen,
der von uns gemeinsam ausgehen soll.
Amen.

SEGEN FÜR DIE KINDER

Barmherziger und guter Gott,
ich danke dir für die Kinder,
die du uns geschenkt hast.
Jedes Kind ist einmalig.
Manchmal verstehe ich nicht,
was in jedem vor sich geht.
Und manchmal fühle ich mich überfordert,
wenn ich zu sehr mit mir beschäftigt bin.

Segne meine Kinder und begleite sie
auf allen Wegen mit deinem Segen,
dass sie sich immer und überall
von dir behütet und geschützt wissen.
Halte deine gute Hand über sie,
damit das, was du in sie hineingelegt hast,
sich auch entfalten und heranreifen kann.
Behüte sie vor Gefahren, vor falschen Freunden
und negativen Einflüssen.
Gib ihnen ein gutes Gespür
für die eigene Wahrheit und den eigenen Wert.
Lass die Gaben, die du ihnen geschenkt hast,
zum Segen werden für sie und für die Menschen.
Und schenke mir das Vertrauen,
dass jedes Kind unter deinem Segen steht,
dass ich sie freilassen kann.

Du hältst deine Hand über sie.
Du sorgst für sie.
Du wirst sie den richtigen Weg führen,
auch dann, wenn sie nicht mehr verstehen,
was ich ihnen vermitteln möchte.
So vertraue ich darauf,
dass du meine Kinder segnest
und dass sie als Gesegnete ihren Weg gehen.

Öffne mir die Augen,
dass ich den Segen verstehe,
der mir durch die Kinder entgegenkommt.
Du hast mich durch sie gesegnet.
Lass uns alle gemeinsam
füreinander zum Segen werden.
Amen.

SEGEN FÜR JUNGE MENSCHEN

Barmherziger Gott,
segne die jungen Menschen
in Schule und Ausbildung.
Sie kommen mit ihren Sorgen und Ängsten,
mit den Verletzungen, die sie erfahren haben.
Oft gehen sie in den Tag mit Worten wie:
«Mach doch schneller.
Sonst kommst du zu spät!»
«Musst du am Morgen
immer solche Unordnung machen?!»
Dann müssen sie in Schule und Ausbildung
ihre Probleme ausleben.
Ihre Lehrer und Erzieher trifft es oft,
wenn sie sich daheim nicht geborgen fühlen,
wenn sie mit ihren Enttäuschungen nicht
zurechtkommen und ihre inneren Störungen
nicht aushalten können.

Segne die jungen Menschen, erfülle sie
mit dem, was sie für sich brauchen,
mit Liebe, mit Verständnis, mit Geborgenheit,
mit Klarheit, mit innerem Frieden.
Schenke ihnen Freude am Leben
und Hoffnung für ihre Zukunft,
dass sie offen sind für das Leben,
offen für andere Menschen.

Gib ihnen Verständnis füreinander.
Tröste sie, wenn sie sich verletzt
und verlassen fühlen.
Stärke sie, wenn sie sich schwach
und minderwertig fühlen.
Lass sie erfahren,
dass sie vor dir wertvoll sind,
weil du jeden von ihnen annimmst und liebst.
Wecke mit deinem Segen das Gute,
das du in sie hineingelegt hast.
Schenke ihnen inneren Halt
und die Fähigkeit, zu sich zu stehen
und ihren Stand im Leben zu finden.
Segne alle Frauen und Männer,
die unterrichten und erziehen,
damit sie die jungen Menschen
als Gesegnete anschauen
und selbst zum Segen werden für sie
und das Gute in ihnen hervorlocken.
Amen.

SEGNUNG MEINER WOHNUNG

Barmherziger Gott,
du hast uns in Jesus, deinem Sohn, besucht
und hast in ihm bei uns Wohnung genommen.
So bitte ich dich für meine Wohnung:
Segne die Räume meiner Wohnung
und erfülle sie mit deinem Segen.
Treibe aus ihnen allen Ungeist aus,
alle Zwietracht, alle Traurigkeit,
alle innere Lähmung und Kälte.
Lass mich in diesen Räumen zu Hause sein
und daran glauben, dass du selbst
mit mir und in mir wohnst.
Wenn du, das Geheimnis, in meinem Haus wohnst,
dann darf ich mich daheim fühlen.
Denn du selbst schaffst Heimat.

Segne mein Arbeitszimmer,
damit von meiner Arbeit Segen ausgeht.
Segne mein Wohnzimmer,
damit ich dort Ruhe finde,
mich erholen kann von der Arbeit
und mich geborgen fühle,
wenn ich dort einfach sein darf, wie ich bin.
Und lass mich in diesem Wohnzimmer
die Gemeinschaft unserer Familie
und meiner Freunde genießen.

Segne die Küche, dass die Gaben,
die dort zubereitet werden, mich stärken,
mich gesund leben lassen
und mir Freude am Leben schenken.

Segne mein Schlafzimmer,
dass ich dort gut und in Frieden schlafen
und mich in deinen guten Armen bergen darf.
Segne auch meine Träume,
dass sie mir den Weg weisen und mir zeigen,
was ich für mein Leben brauche.

So segne alle Räume meiner Wohnung
und sei mir darin nahe,
dass ich durch deine Nähe mir selbst
und meiner Familie nahe sein kann.
Amen.

SEGEN FÜR ARBEITSKOLLEGEN UND -KOLLEGINNEN

Barmherziger Gott,
bevor ich zur Arbeit gehe, bitte ich dich für
meine Arbeitskollegen und Arbeitskolleginnen.
Auf manche freue ich mich.
Manche möchte ich am liebsten gar nicht sehen.
Manche flößen mir Angst ein.
Ich bitte für sie alle, dass du sie segnest. Du liebst
jeden von ihnen.
In jedem von ihnen ist dein göttlicher Funke. Jeder
ist ein Bruder oder eine Schwester Jesu,
in jedem kann ich sein Antlitz erkennen.
Erinnere mich bei jeder Begegnung daran,
dass du sie gesegnet hast und dass ich
gesegneten Menschen begegne, die du liebst.
Das wird meinen Blick für sie ändern.

Segne die Kollegin,
der es momentan gar nicht gut geht.
Ich spüre, dass sie sich schwer tut
mit sich selbst und mit allem,
was daheim auf sie einströmt
und von ihr gefordert wird.
Halte deine Hand über sie,
dass sie sich nicht alleingelassen fühlt,
dass sie mit ihrer inneren Kraft
in Berührung kommt.

Segne den Kollegen, der auf der Flucht ist
vor sich selbst, der so unberechenbar ist,
weil er vor dem inneren Chaos ausweicht.
Schenke ihm inneren Frieden,
dass er sich selber annehmen kann und es
nicht mehr nötig hat, seine Zerrissenheit
bei der Arbeit auszuleben.
Schenke ihm, wonach er sich im Tiefsten sehnt
und was er braucht, um in Einklang
mit sich selbst zu kommen.

Segne meine Kollegen und Kolleginnen
und segne unsere Arbeit,
dass davon Segen ausgeht für die Menschen.
Segne unser Miteinander, dass wir gemeinsam
einen Ort schaffen, an dem dein Geist
der Liebe und des Friedens
für viele sichtbar und erfahrbar wird.
Amen.

SEGEN FÜR KRANKE

Gott,
du allein vermagst unsere Wunden zu heilen.
Du bist der wahre Arzt für Leib und Seele.
Segne meine kranke Freundin,
meinen kranken Freund,
meinen kranken Vater, meine kranke Mutter …
Segne die Kranken, an die ich gerade denke.
Ich spüre meine Ohnmacht, ihr (ihm) zu helfen.
Mir bleiben die Worte im Munde stecken.
Ich habe Angst,
sie mit meinen Worten zu verletzen.

So bitte ich dich, dass du sie (ihn) segnest.
Lass deine heilende Kraft in sie (ihn) eindringen
und heile ihre (seine) Krankheit.
Wärme sie (ihn) mit deiner Liebe,
damit sie (er) sich in ihrer (seiner) Krankheit
bei dir geborgen und von dir umgeben weiß. Dein
heiliger und heilender Geist
vermag ihre (seine) Krankheit zu überwinden
und all das Dunkle in ihr (ihm)
mit deinem Licht zu erleuchten.
Vater, ich weiß nicht, was das Beste
für die Kranke (den Kranken) ist.
In allem geschehe dein Wille.

Stärke sie (ihn), damit sie (er) sich
in der Krankheit nicht alleingelassen fühlt.
Erfülle sie (ihn)
mit dem Geist deiner Klarheit,
damit die Zeit der Krankheit
wie ein Lehrmeister wird,
der einführt in das wahre Leben,
in das, worauf es wirklich ankommt.
Mache sie (ihn) empfänglich und durchlässig
für dein Licht, dass alles in ihr (ihm)
zum Segen wird, die Stärke und die Schwäche,
die Gesundheit und die Krankheit,
die Hoffnung und die Verzweiflung,
die Angst und das Vertrauen.
In allem möge sie (er) sich gesegnet wissen.
Dein Segen möge durch sie (ihn)
auch zu denen strömen, die sie (ihn) besuchen.

So segne diese Kranke (diesen Kranken)
der gütige und barmherzige Gott,
der Vater, der Sohn und der Heilige Geist.
Amen.

Der Herr sprach zu Abram:
Ich will dich segnen
und deinen Namen groß machen,
und du sollst ein Segen sein.
Durch dich sollen gesegnet sein
alle Geschlechter der Erde.
AUS GENESIS 12

SEGENSGEBET FÜR ARME UND ALLEINGELASSENE

Guter Gott,
täglich werde ich mit der Armut
und mit dem Leid von Menschen konfrontiert.
Ich spüre meine Ohnmacht, ihnen zu helfen.
Die Spenden, die wir geben, lindern so wenig
an ihrem Leid, ihrer Einsamkeit,
ihrer Verzweiflung, ihrer Armut.
Mein Gebet für sie
soll kein Ersatz für mein Handeln sein.
Zeige mir im Gebet, was du von mir erwartest.
Ich vertraue darauf,
dass mein Gebet für sie nicht umsonst ist.

Ich bitte dich, barmherziger Gott,
denke an die Menschen, an die keiner denkt,
die sich alleingelassen fühlen.
Zeige ihnen deine Nähe. Sprich zu ihrem Herzen
und berühre sie mit deiner Liebe.
Lass sie spüren,
dass du dein Auge auf sie wirfst,
weil sie vor dir wertvoll und einmalig sind.
Gib ihnen Mut, wenn sie sich selbst aufgeben.

Guter Gott, segne
die armen und alleingelassenen Menschen.
Dein Segen erfülle sie
mit innerem Reichtum und lasse sie
in sich den Schatz entdecken,
den ihnen niemand zu nehmen vermag.
Aber zeige ihnen auch Wege,
wie sie unter menschenwürdigen Umständen leben
und ihr Leben bewältigen können.
Sende ihnen Menschen,
die ihnen zu helfen vermögen,
durch die ihnen deine heilende
und helfende Nähe erfahrbar wird.
Amen.

GEBET FÜR DIE VERSTORBENEN

geändert für Fr. Rüskm.

Gott des ewigen Lebens,
vor dir sind die Toten nicht tot.
Sie sind in deine Herrlichkeit
und in deine Liebe hinein gestorben.
Öffne allen Sterbenden die Herzen,
damit sie nicht auf sich
und ihre Fehler und Schwächen schauen,
sondern auf deine Liebe,
in der sie sich mit allem, was sie sind,
bergen dürfen.
Lass deine Liebe stärker sein als
alle Selbstverurteilung und Selbstverachtung,
so dass sie sich in deine Liebe fallen lassen.

Gütiger Gott, die (der) Verstorbene fehlt mir.
Ich fühle mich so einsam.
Steh auch mir in meiner Trauer bei
und lass mich die helfende Nähe
der (des) Verstorbenen neu erfahren.
Ich danke dir,
dass du mir diesen Menschen geschenkt hast,
dass ich so viel mit ihr (ihm) teilen konnte.

Lass die Toten deine Herrlichkeit schauen
und in dir für immer Ruhe finden.
Und lass mich die Botschaft verstehen,
die sie (er) durch ihr (sein) Leben
und Sterben an mich richtet.
Ich möchte gerne mit meinem Leben
auf ihr (sein) Leben und Sterben antworten,
damit ich meine Lebensspur
in diese Welt eingrabe und so
zum Segen für andere werde.

Du hast die (den) Verstorbene(n)
zeit ihres (seines) Lebens gesegnet.
Du hast mich durch sie (ihn) gesegnet.
So lass sie (ihn) nun auch im Tod
für mich und für viele,
die mit ihr (ihm) verbunden waren,
zum Segen werden.
Amen.

GEBETE IM JAHRESKREIS

Und das Wort ist Fleisch geworden
und hat unter uns gewohnt,
und wir haben seine Herrlichkeit geschaut –
Gnade und Wahrheit.
NACH JOHANNES 1,14

Das Kirchenjahr möchte uns immer mehr einführen in das Geheimnis der Menschwerdung. An den verschiedenen Festen werden Aspekte unserer Seele zum Ausdruck gebracht. Das bringt uns in Berührung mit dem Reichtum unserer Seele. Und es hält alle Seiten unserer Seele in das Licht der Erlösung durch Jesus Christus. An den Festen spielen wir uns immer mehr hinein in das Geheimnis unserer Erlösung und Heilung. Wenn wir uns auf diese Weise einlassen auf die Feste des Kirchenjahres, werden wir jedes Jahr aufs Neue mit allen Facetten unseres Menschseins konfrontiert. Und wir erfahren jedes Jahr ein wenig mehr Heilung.

SEGEN DES ADVENTSKRANZES

Barmherziger und guter Gott,
segne diesen Adventskranz,
damit er uns in dieser Zeit
des Wartens und Hoffens begleiten möge.
Stärke durch ihn unsern Glauben,
dass unser Leben gelingen wird,
dass du am Beginn dieses Kirchenjahres
alles Gebrochene und Zerbrochene
verbinden und heilen willst.

Lass die Kerzen dieses Adventskranzes
nicht nur unser Haus, sondern auch
unsere Herzen erhellen und wärmen.
Lass dein tröstliches Licht
in unseren Herzen aufleuchten, damit alle
Härte und alle Verzweiflung daraus weichen.
Das Licht dieser Kerzen vertreibe
aus diesem Haus allen Hass und Zwietracht.
Es erfülle dieses Haus
mit deiner Liebe und deiner Hoffnung.

Wir sehnen uns danach,
dass diese Adventszeit auch unser Haus verwandle,
damit wir darin Heimat finden
und uns in dir geborgen wissen.

Erinnere uns
durch das Licht dieses Adventskranzes,
dass du selbst in unserem Hause wohnst.
Daheim sein können wir nur dort,
wo das Geheimnis wohnt.
Wenn du bei uns und unter uns wohnst,
können wir es bei uns aushalten,
weil du selbst, das unendliche und
unaussprechliche Geheimnis, unser Haus
zum Heim formst, in dem wir gerne sind.

So segne diesen Adventskranz
und alle in unserem Haus,
denen die Kerzen auf diesem Kranz leuchten,
der gütige und barmherzige Gott,
der Vater, der Sohn und der Heilige Geist.
Amen.

ICH SPÜRE IN MIR EINE SEHNSUCHT

Advent

Barmherziger Gott,
die Adventszeit beginnt.
Ich spüre in mir eine tiefe Sehnsucht,
diese Zeit intensiv zu erleben.
Ich erinnere mich gerne daran,
wie mich diese Zeit als Kind berührt hat.
Aber in den letzten Jahren ist der Advent
oft an mir vorübergegangen.
Ich konnte keine Zeit finden,
mich still hinzusetzen und auf dich
und deine Ankunft zu warten,
Ich muss erst bei mir selbst ankommen,
damit ich mich nach deinem Kommen
ausstrecken kann.

Ich weiß, dass ich nicht die Gefühle
der Kindheit in mir hervorlocken kann.
Aber ich bitte dich, wecke in mir
die Sehnsucht nach dir.
Bringe mich in Berührung
mit der Sehnsucht meines Herzens
nach Licht und Liebe, Geborgenheit und Heimat,
mit der Sehnsucht nach dem,
«was kein Auge geschaut und
in keines Menschen Herz je gedrungen ist».

Zeige mir,
dass alle meine Sehnsüchte von keinem Menschen
und von keiner äußeren Befriedigung
gestillt werden können,
sondern allein von dir.
Weite mein Herz,
dass es dich aufnehmen kann,
und führe mich in eine tiefe Stille,
in der ich dich erahne
auf dem Grund meines Herzens.
Wenn ich dich in mir spüre,
dann wird Advent in mir sein,
dann bist du angekommen
in meinem Herzen.
Dann fallen all die Äußerlichkeiten ab
und ich spüre, wer ich vor dir bin.

Lass mich in dieser Adventszeit
bei dir und bei mir selbst ankommen,
damit dein Kommen mir wirklich zum Heil wird.
Amen.

ICH HÖRE DIE VERHEISSUNGEN

Advent

Guter Gott,
gern singe ich die Lieder der Adventszeit
und höre die Verheißungen der Propheten.
Aber manchmal ziehen die Texte und Lieder
an mir vorbei und berühren mich nicht.
Lass deine Worte in mein Herz fallen,
damit sie es aufschließen für den Frieden,
den du uns verheißen hast,
für die Liebe, die in dir auf die Erde kommt,
für das Heil, das durch dich
für uns geschieht, und für die Weisheit,
die in dir aufleuchtet.

Die Verheißungen der Propheten
richten sich auf eine andere und bessere Welt.
Manchmal erschlägt mich der Eindruck,
dass die Welt im Argen liegt.
Die Stärkeren beuten die Schwächeren aus.
Immer mehr Menschen geht es schlecht.
Lass mich an dieser Welt nicht verzweifeln.
Schenke mir den Glauben, dass du diese Welt
in deinen guten Händen trägst
und dass du uns nicht vergessen hast.
Ich will dir vertrauen, dass du für deine Welt
eine Zukunft des Friedens bereithältst.

Lass mich doch auch dein Wirken
in dieser Welt erfahren,
damit ich noch mehr glauben kann!
Lass diese Zeit des Advents eine heilende Zeit
sein für unsere Gesellschaft.
Auch wenn die biblischen Botschaft des Advents
vielen fremd geworden ist,
lass die Kerzen, die in diesen Tagen brennen,
auch ihre Herzen erleuchten.
Rühre sie an mit den alten Bildern und Symbolen.
Und öffne über dieser verhangenen Welt
deinen Himmel, damit dein Tau sich ergieße
auf das vertrocknete Feld unserer Seelen.
Sende deinen Trost zu den Ungetrösteten
und Untröstlichen.

Lass deinen Frieden und deine Gerechtigkeit
aufblühen auf unserer Erde
durch Christus, unseren Herrn.
Amen.

DU BIST ALS KIND ZU UNS GEKOMMEN

Weihnachten

Allmächtiger Gott,
du hast deine Allmacht verlassen
und bist als kleines und hilfloses Kind
zu uns gekommen.
Du bist für uns klein geworden,
damit wir unseren Größenwahn lassen.
Du hast uns in Jesus Christus
dein göttliches Leben geschenkt,
damit wir es nicht mehr nötig haben,
uns selbst wie Götter zu gebärden.
Du hast unsere tiefste Sehnsucht gestillt:
dass unsere menschliche Hinfälligkeit
durch deine göttliche Unsterblichkeit
geheilt und gestärkt wird,
dass unsere menschliche Liebe
von deiner göttlichen Liebe erfüllt wird.

Lass mich das Geheimnis
deiner Geburt aus der Jungfrau Maria
immer tiefer verstehen,
damit du auch in mir geboren wirst.
Wenn du in mir geboren wirst,
dann komme ich zu meinem wahren Wesen,
dann feierst du mit mir einen neuen Anfang.

Dann bin ich nicht festgelegt auf
meine Vergangenheit, dann sind
meine Verletzungen nicht mein Schicksal.
Du beginnst mit mir von neuem.
Du hast in Jesus deinen ursprünglichen Traum
vom Menschen verwirklicht.
Du möchtest deinen Traum vom Menschen
durch Jesus auch in mir Wirklichkeit
werden lassen.

Öffne mein Herz für deine Liebe,
die mir in dem göttlichen Kind in der Krippe
entgegenstrahlt. Zerbrich den Panzer,
den ich um mein Herz gelegt habe.
Lass mich an deine ohnmächtige Liebe glauben,
die in dem Kind aufleuchtet.
Sie ist stärker als alle Waffengewalt.
So schenke deiner Welt durch die Geburt
deines Sohnes den wahren Frieden.
Amen.

DEIN ZÄRTLICHES LICHT

Weihnachten

Gütiger Gott,
in dem Kind in der Krippe ist dein ewiges Licht
mitten in der Nacht aufgestrahlt.
Erhelle mit deinem zärtlichen Licht
auch meine Dunkelheit.
Vertreibe die Finsternis meiner Angst,
meiner Traurigkeit, meiner Einsamkeit
und erfülle mich mit der Liebe, die auf dem
Antlitz deines Sohnes mit entgegenstrahlt.
Wenn ich an mir verzweifle
und wenn ich manchmal an den Menschen
und ihrer Kälte irre werde, dann soll
das milde Licht des göttlichen Kindes
mich durchdringen und wärmen.
Es schenke mir Hoffnung, dass deine Liebe
stärker ist als aller Hass,
dass dein Licht jede Dunkelheit
zu erhellen vermag. Mach mein Herz
zu einer Krippe für deinen Sohn,
und lass mich den Frieden erfahren,
der von dem Kind in der Krippe ausgeht
und der auch mein Herz erfüllen möchte.
Wenn Christus in mir geboren wird,
wenn er mein Herz ausfüllt, dann ahne ich
etwas von dem Frieden, der von ihm ausgeht.

Es ist kein Friede, der mit Waffengewalt
durchgesetzt werden muss.
Sein Friede strömt aus einem Herzen,
das von Liebe voll ist.
Mit diesem Herzen voller Liebe
denke ich an all die Menschen,
die an Weihnachten alleine sind,
die einen lieben Menschen verloren haben,
die sich einsam fühlen.
Manche haben gerade an Weihnachten Angst,
dass ihr Leben nicht gelingt.
Sie erinnern sich an die vielen Weihnachtsfeste,
an denen sie sich geborgen und geliebt wussten.
Die Erinnerung tröstet sie nicht,
sondern schmerzt sie, weil sie sich heute
so ganz anders fühlen.

Lass dein mildes Licht auch in ihr Herz strömen,
dass sie sich in deiner Liebe geborgen fühlen,
dass sie spüren, dass auch ihre Dunkelheit
von deinem Licht erhellt wird.
Amen.

DANKE FÜR DAS VERGANGENE JAHR

Jahreswechsel

Guter Gott,
ich möchte dir danken für alles,
was du mir im vergangenen Jahr geschenkt hast.
Du hast mich begleitet
und mich davor bewahrt, in die Irre zu gehen.
Du hast meinem Leben Fruchtbarkeit geschenkt.
Ich danke dir für alles,
was in mir gewachsen ist, und für alles,
was durch mich für andere geschehen ist.

Wenn ich auf das vergangene Jahr zurückschaue,
fällt mir manches ein, was nicht so gut war.
Ich war oft genug unachtsam,
habe einfach so in den Tag hineingelebt.
Ich habe viele Gelegenheiten
der Begegnung und eines Neubeginns
in der Beziehung zu anderen Menschen versäumt.
Ich habe auch Menschen verletzt,
weil ich zu sehr um mich gekreist bin
und nicht sensibel war
für die Situation des andern.
Vergib, was ich versäumt oder falsch gemacht habe.
Ich vertraue deiner Vergebung
und will alles begraben, was mich belastet,
damit ich als neuer Mensch
in das neue Jahr gehen kann.

Ich denke auch an all die Menschen,
mit denen ich im vergangenen Jahr mein Leben
geteilt habe, denen ich begegnet bin.
Segne sie, dass sie sich immer
unter deiner segnenden Hand wissen.
Schenke ihnen den Geist der Dankbarkeit,
damit sie das vergangene Jahr dankbar
in deine guten Hände legen
und voller Vertrauen in das neue Jahr gehen.
Amen.

SEGEN FÜR DAS NEUE JAHR

Jahreswechsel

Barmherziger und guter Gott.
Du hast mir ein neues Jahr geschenkt.
Das Neue hat eine besondere Anziehungskraft.
Auch Jesus hat vom neuen Wein gesprochen,
der in neue Schläuche passt, vom neuen Bund, den
er mit uns schließt, vom neuen Gebot,
das er uns gegeben hat, vom Gebot der Liebe.
Im Neuen steckt die Verheißung von Freiheit
und Weite, von Offenheit und Hoffnung.
Doch das Neue kann schnell alt werden.
Es bekommt Flecken.
Und dann ist es nicht mehr wirklich neu.

Segne du dieses neue Jahr,
dass es mich in neue Räume führt,
Lass den ursprünglichen und unverstellten
Glanz meiner Seele neu aufstrahlen.
Und bewahre dieses Neue und Unversehrte in mir
vor allen Trübungen.
Lass mich nicht in die alten Fehler fallen,
sondern schaffe Neues in mir.
Ich denke auch an all die Menschen,
die mir im neuen Jahr begegnen werden.
Segne unsere Begegnungen.

Ich bete für die, die Angst haben,
was das neue Jahr wohl bringen mag,
die Angst haben, ihre Arbeit zu verlieren,
ihren Lebensunterhalt nicht zu schaffen,
ihr Leben nicht zu bewältigen.
Erfülle ihr Herz mit Vertrauen,
dass sie nicht allein gelassen sind,
dass du für sie sorgst,
dass du ihnen Menschen schickst,
die sie aufrichten und stützen.

Segne unsere Welt, dass sie von Kriegen
und Katastrophen verschont bleibt.
Und schenke allen Menschen ein neues Herz,
ein Herz voller Frieden und Liebe.
Amen.

EIN STERN IST AUFGEGANGEN

Erscheinung des Herrn (6. Januar)

Gott, du wohnst in unzugänglichem Licht.
Doch deine Herrlichkeit ist aller Welt
aufgestrahlt in dem Kind in der Krippe.
Ein Stern ist den Magiern aufgegangen.
Sein Licht hat sie auf den Pilgerweg geschickt, da-
mit sie dich suchen, finden und anbeten.
Sie lassen alles liegen und stehen
und machen sich auf den Pilgerweg
ihres Herzens.
Sie nehmen Gold, Weihrauch und Myrrhe mit,
das Gold der Liebe,
den Weihrauch ihrer Sehnsucht
und die Myrrhe ihrer Schmerzen.
Sie kommen an vor dem Kind,
fallen vor ihm nieder und beten an.
Indem sie anbeten, vergessen sie sich selbst.
Und indem sie sich vergessen,
sind sie ganz gegenwärtig.
Ihre Sehnsucht ist erfüllt.
Sie breiten ihre Gaben aus
und erkennen in dem Kind den König,
dem sie ihr Gold schenken,
den Gott, dem sie den Weihrauch bringen,
und den Arzt, der für sie sterben wird,
um ihre Wunden zu heilen.

Ihm schenken sie die Myrrhe,
ein Heilkraut aus dem Paradies,
das alle Wunden heilt.

Auf meinem Weg weiß ich oft nicht,
wo ich stehe und wohin er mich führt.
Und manchmal bin ich es müde weiterzugehen
und möchte stehen bleiben und mich ausruhen.
Lass am Horizont meines Herzens den Stern
aufstrahlen, damit ich weiterwandere
auf meinem Weg zu dem, der allein
meine Sehnsucht zu erfüllen vermag:
der Mensch gewordene Gott,
das Kind in der Krippe,
in dem deine Herrlichkeit erschienen ist.
Lass mich in dem Kind die Weisheit erkennen,
die auch mir den Weg zum wahren Leben weist.
Und lehre mich das Geheimnis der Anbetung:
einfach vor dir niederzufallen,
mich und meine Sorgen zu vergessen,
weil du mich berührst.
Amen.

ICH BIN DEIN GELIEBTES KIND

Taufe Jesu

Guter Gott,
das Fest der Taufe Jesu erinnert mich
an meine eigene Taufe. Auch bei meiner Taufe
hast du das Wort über mich gesprochen:
«Du bist mein geliebter Sohn,
meine geliebte Tochter,
an dir habe ich mein Wohlgefallen.»
Und bei diesem Wort ist auch über mir
der Himmel aufgegangen. Und ich darf erfahren:
Ich bin bedingungslos von dir geliebt.
Bevor ich etwas leiste, bin ich schon angenommen.
Das befreit mich von dem Druck,
mich beweisen zu müssen, mich überall anzupassen,
damit ich ja beliebt bin.
So will ich immer mit diesem Wort leben,
das du mir in der Taufe zugesprochen hast.

In das Wasser des Jordan stieg Jesus
bei seiner Taufe hinab.
Wasser wurde auch bei meiner Taufe
über mich gegossen.
Die Quelle des Heiligen Geistes strömt
immer in mir. Aus ihr kann ich schöpfen,
ohne je erschöpft zu werden.
Ich darf vertrauen,
dass ich nie vertrockne oder verdurste.

Das Wasser der Taufe hat mich gereinigt
von allen Trübungen meines Selbstbildes,
von den Trübungen, die andere
mit ihren Projektionen mir bereiten,
und von den Trübungen, mit denen ich selber
das ursprüngliche Bild in mir verstelle.
Lass mich deinem Geist vertrauen,
dass er immer wieder alles Trübe in mir klärt
und den unverstellten Glanz meiner Seele
zum Strahlen bringt.
Befreie mich von allem Zwang,
mich beweisen oder rechtfertigen zu müssen.

Du hast mich bedingungslos angenommen.
Lass mich aus diesem Bewusstsein heraus leben,
frei und aufrecht, damit sich auch die Menschen
um mich herum aufrichten
und ihre unantastbare göttliche Würde entdecken.
Amen.

MEINE AUGEN HABEN DAS HEIL GESEHEN

Darstellung des Herrn (2. Februar)

Es ist ein schönes Fest:
die Begegnung des Kindes mit den beiden Alten,
mit Simeon und Hanna. Das göttliche Kind
erfüllt die Sehnsucht des Simeon,
der auf die Rettung Israels wartet.
Und es fasziniert die greise Hanna,
die fastend und betend
sich ständig im Tempel aufhält.
Ich liebe die Darstellung, wie der alte Mann
das Kind zärtlich in den Händen hält
und den Lobgesang anstimmt:
«Nun lässt du, Herr, deinen Knecht,
wie du gesagt hast, in Frieden scheiden.
Denn meine Augen haben das Heil gesehen,
das du vor allen Völkern bereitet hast,
ein Licht, das die Heiden erleuchtet,
und Herrlichkeit für dein Volk Israel»
(Lukasevangelium 2,29–32).

Am Festtag der Darstellung Jesu im Tempel
ziehen heute Menschen
mit brennenden Kerzen in die Kirche.
Das Licht von Weihnachten soll nun
in unserem Herzen aufleuchten, damit wir es
durch die Dunkelheit des Alltags tragen.

Lass dein Licht in meinem Herzen brennen,
wenn es um mich herum dunkel wird.
Schenke mir das Vertrauen, dass dieses Licht
auch durch die Stürme des Lebens
nicht ausgelöscht wird.
Gib mir die Weisheit des greisen Simeon
und der hochbetagten Hanna,
damit mir mehr und mehr das Geheimnis
meines Lebens aufgeht und ich in meinem Herzen
das Heil erkenne, das du mir bereitet hast.

Öffne meine Augen, damit ich dein Heil
im Antlitz der Menschen sehe, denen ich begegne,
in den Augenblicken der Stille,
in denen mein Herz angerührt wird,
und in den Worten der Schrift,
die mich treffen.
Und lass mich dieses Licht dorthin tragen,
wo ich arbeite und wirke,
damit dein Glanz auch dort aufleuchtet.
Amen.

BITTE UM EINE ZEIT DER FREIHEIT

Fastenzeit

Ich freue mich nicht auf die Fastenzeit;
aber ich weiß, dass sie mir gut tut.
So bitte ich dich, guter Gott,
lass es eine Zeit der Gnade für mich werden,
eine Zeit der inneren Reinigung und Freiheit.
Lass mich erkennen,
wo ich mich in Abhängigkeiten verstrickt habe.
Schenke mir die Tage der Fastenzeit
als Zeit der Einübung in die innere Freiheit.
Reinige mich von trüben Emotionen,
von Bitterkeit, Enttäuschung und Ärger,
damit auf dem Acker meiner Seele
guter und fruchtbarer Weizen wachsen kann.

Guter Gott,
du selbst schenkst uns diese Fastenzeit,
damit wir uns für Ostern, für das neue Leben
bereit machen, das in uns aufbrechen möchte.
Es soll eine Zeit der Umkehr
und des Umdenkens sein.
Im letzten Jahr ist die Fastenzeit
so schnell an mir vorübergegangen.
Ich möchte in diesem Jahr diese Zeit so leben,
dass meine Gewohnheiten sich ändern
und mein Denken anders werden kann.

Ich möchte an einem Tag in dieser Zeit
bewusst für einen Menschen fasten und beten.
Es soll kein schnelles und unverbindliches
Fürbittgebet werden.
Ich will für ihn fasten,
damit er sich von dir gesegnet weiß.
Fastend wird mich mein Leib den ganzen Tag
an diesen Menschen erinnern.

Guter Gott, ich halte diesen Menschen
in deine Barmherzigkeit hinein,
damit er findet, was er für seinen Weg
und seinen inneren Frieden braucht.
Erfülle ihn mit deinem Geist,
dass er sein wahres Selbst entdeckt
und in Einklang kommt mit seinem Wesen
und mit deinem Willen.
Amen.

DEINE PASSION WILL MIR DIE AUGEN ÖFFNEN

Fastenzeit

Herr Jesus Christus, du hast für uns gelitten.
Du hast auch für mich gelitten.
Ich weiß nicht,
warum du diesen Kreuzweg gehen musstest.
Aber ich erkenne in ihm deine Liebe zu uns,
die du bis zum Ende durchgehalten hast.
Du hättest ja auch fliehen können
vor der Borniertheit der Menschen.
Wenn ich deine Passion betrachte,
so staune ich über deine Liebe zu mir.
Du hast dein Leben auch für mich
aufs Spiel gesetzt.
Du hast dich auch für mich hingegeben.
Ich bin in deinen Augen wertvoll.
So will ich in dieser Zeit vor Ostern
deine Liebe betrachten, wie sie mir
aus deiner Passion entgegenleuchtet.

Deine Passion will mir aber auch
die Augen öffnen für das eigene Leid
und für das Leid der Menschen um mich herum.
Du zeigst mir einen Weg, all das anzunehmen,
was mich täglich durchkreuzt.
Es will mich aufbrechen für das Geheimnis
deiner unbegreiflichen Liebe.

Ich weiß nicht, warum mich das Leid trifft,
und ich denke auch nicht darüber nach.
Ich halte dir mein Leiden hin und
bitte dich: Heile du das Zerbrochene in mir
und brich mein Herz auf für dich
und für mein wahres Selbst.
Brich mein Herz auch auf für die Menschen
um mich herum, die an sich selbst leiden
oder die ein schweres Los getroffen
und zerschlagen hat.
Du bist in deine Passion hineingegangen,
um überall bei uns zu sein, auch dort,
wo Gott scheinbar abwesend ist.

Verwandle du mein Leid
und das Leid dieser Welt in einen Ort
der Gnade und der Erfahrung einer Liebe,
die durch nichts zerstört werden kann.
Amen.

DU GEHST DEINEN WEG ALS KÖNIG

Palmsonntag

Herr Jesus Christus,
du bist als König in Jerusalem eingezogen.
Die Leute haben dir zugejubelt.
Doch schon nach ein paar Tagen
hat sich die Stimmung gedreht.
Deine Widersacher haben die Menschen aufgewiegelt
gegen dich und deine Botschaft.
Auch unser Lebensweg
kennt Anerkennung und Widerstand.
Er führt uns durch Konflikte
und Auseinandersetzungen hindurch.
Und oft genug erleben wir, dass Menschen
sich gegen uns stellen und uns bekämpfen.
Lass uns diesen Weg gemeinsam mit dir gehen.
Lass uns erfahren:
In uns ist ein Königtum,
das nicht von dieser Welt ist, das uns daher
diese Welt auch nicht nehmen kann.

Du gehst deinen Leidensweg
nicht als Gebeugter und Erniedrigter,
sondern als König. Du bleibt auch in der
größten Verachtung und Misshandlung König.
Lehre mich, meinen Weg zu gehen
gemeinsam mit dir und im Bewusstsein
meiner königlichen Würde.

Dann werde ich dem Leiden nicht ausweichen,
Auch wenn Menschen mich lächerlich machen,
wenn sie mich beschimpfen und verleumden,
können sie mich in meiner Würde
nicht zerbrechen.
Das Königtum in mir,
das nicht von dieser Welt ist,
kann nicht zerstört werden.

So lehre mich, Herr Jesus Christus,
mit dir den Weg zu gehen, damit auch mein Weg
über das Kreuz in die Herrlichkeit führt,
nicht nur in die Herrlichkeit nach dem Tod,
sondern auch in den ursprünglichen Glanz,
mit dem du mich und meine Seele
ausgestattet hast.
Das Licht von Ostern soll schon jetzt
über all meinen Wegen durch Dunkelheit
und Drangsal hindurchscheinen,
damit ich unterwegs nicht gefangen bleibe,
sondern mit dir tapfer weiterschreite,
hinein in das wahre Leben.
Amen.

DU HAST MICH BIS ZUM ENDE GELIEBT

Gründonnerstag

Herr Jesus Christus,
am Abend vor deinem Leiden hast du uns
ein Vermächtnis deiner Liebe gestiftet.
Du hast mit deinen Jüngern Abendmahl gehalten
und hast dich selbst ihnen gegeben
im Brot und im Wein. Du hast das Brot
gebrochen als Zeichen deines Todes,
in dem du für uns zerbrochen wurdest,
um all das Gebrochene und Zerbrochene in uns
zu heilen und zu verbinden.
Und du hast den Kelch gereicht als Bild dafür,
dass deine Liebe im Tod zur Vollendung kommt,
dass du dein Herzblut für uns gibst.
«Eine größere Liebe hat niemand als die,
dass er sein Leben für seine Freunde ein»
(Johannesevangelium 15,13).
Schenke mir einen neuen Blick
für das Geheimnis der Eucharistie,
in der du dich für mich hingegeben hast,
damit ich auf dieser Hingabe
mein Leben bauen darf.

Nach dem Mahl voller Liebe und Nähe
bist du in den Garten von Getsemane gegangen.
Da haben dich deine Jünger alleingelassen.
Sie haben geschlafen.

Sie kreisten nur um sich und ihre Müdigkeit.
Du hast dich deiner Angst und Ohnmacht,
deiner Einsamkeit
und deinem Unverstandensein gestellt.
Du hast mit Gott gerungen und dich durchgerungen
zu dem Gebet, das du auch uns gelehrt hast:
«Vater, dein Wille geschehe!»

Lass mich dieses Gebet sprechen,
wenn ich nicht verstehe,
warum das oder jenes auf mich einbricht.
Ein Engel kam,
um dich in deiner Angst zu stärken.
Sende auch mir deinen Engel,
wenn die Angst mich überkommt
und ich nichts habe, was ich dagegensetzen kann.
Stärke mich durch deinen Engel,
damit auch ich, aufgerichtet durch das Gebet,
meinen Weg weitergehen kann.
Amen.

DU HEILST MICH VON DER WUNDE DES TODES

Karfreitag

Herr Jesus Christus,
am Karfreitag feiern wir dein Leiden
und deinen Tod am Kreuz.
Wie können wir dein Leiden feiern?
Wir sehen am Kreuz den Sieger über den Tod.
Wir verehren dein Kreuz,
weil an ihm das Heil der Welt gehangen.
Es ist für uns ein Hoffnungszeichen,
dass selbst das schlimmste Marterwerkzeug
zum Ort der größten Liebe werden kann,
dass die Grausamkeit der Menschen
nicht über dich triumphiert, sondern deine Liebe
stärker ist als alle menschliche Bosheit.

Das Kreuz zeigt uns,
dass du alles in uns liebst,
dass deine Liebe in alle Gegensätze
unseres Leibes und unserer Seele hineinströmt.
Es gibt nichts in mir, was nicht angenommen ist.
So schenkst du mir
mit deinem Kreuz das Vertrauen,
dass ich ganz und gar geliebt bin
und dass mich nichts von deiner Liebe
zu trennen vermag.

Du selbst hast dein Kreuz
mit dem Bild der ehernen Schlange gedeutet,
das die Israeliten in der Wüste
in ihrer Todesangst anschauen sollten,
um von den tödlichen Bissen gerettet zu werden.
Du bist am Kreuz der göttliche Arzt,
der unsere Wunden heilt,
der uns vom Gift der Schlange befreit,
vom Gift unserer Bitterkeit und unseres Grolls,
vom Gift der Rache und der Eifersucht.
Und du heilst uns von der tiefsten Wunde,
die uns bedroht, von der Todeswunde.
Wir schauen am Kreuz unsere Wunden an,
aber auch den Arzt für unsere Wunden.

So feiern wir am Karfreitag,
dass deine Liebe stärker ist als der Tod.
Deine ausgestreckten Arme am Kreuz sind
eine Geste der liebenden Umarmung.
Alles in uns ist von deiner Liebe berührt.
Deine ausgestreckten Arme laden mich ein,
mich in deiner Liebe zu bergen.

Verwandle mein Kreuz und die Kreuze der Welt,
damit an ihnen deine Liebe aufleuchtet.
Amen.

DU BIST HINABGESTIEGEN ZU MEINEN SCHATTEN

Karsamstag

Herr Jesus Christus,
du bist nicht nur für uns gestorben.
Du warst auch tot.
Du hast drei Tage im Grab gelegen.
Am Karsamstag gedenken wir deines Totseins.
Du bist im Tod hinabgestiegen zu den Toten
und hast sie zum Licht geführt.
Du bist am Karsamstag
auch in die Unterwelt meiner eigenen Schatten
hinabgestiegen, um all das Verdrängte,
das Dunkle und Chaotische in mir
zu berühren und zu verwandeln.
Du nimmst das Tote und Erstarrte in mir
in deine Hand und weckst es zu neuem Leben.
Du brichst die Tore des Kerkers auf.
Du zerbrichst die Ketten,
die mich gefangen halten,
um mich in die Freiheit zu führen.

So halte ich dir im Gebet meine Wahrheit hin,
meine unterdrückten und verdrängten Seiten,
mein inneres Durcheinander, meine Dunkelheit
und all das Erstarrte und Tote in mir.
Ich vertraue darauf,
dass du alles in mir berührst
und zum Leben auferweckst.

Du liegst im Grab, damit ich all das begrabe,
was ich mit mir an Ballast herumschleppe.
Ich möchte meine Verletzungen begraben.
Ich verzichte darauf,
sie als Vorwand zu benutzen,
die Verantwortung für mich und für mein Leben
nicht zu übernehmen.
Ich verzichte darauf,
aufgrund meiner Verletzungen
anderen ihr Verhalten vorzuwerfen.
Und ich lasse all die Schuldgefühle los,
mit denen ich mich zerfleische,
all die Selbstvorwürfe,
mit denen ich mir das Leben schwer mache.

Herr Jesus Christus,
lass alles, was ich begraben möchte,
in deinem Grab versiegelt sein.
Lass es darin sterben,
damit es mich nicht mehr belastet.
Und nimm mich an der Hand,
richte mich auf und schenke mir Anteil
an deiner Auferstehung.
Amen.

SENDE MIR DEN ENGEL DER AUFERSTEHUNG

Ostern

Auferstandener Herr Jesus Christus,
du hast die Macht des Todes gebrochen.
Du bist auferstanden und bist nun bei mir.
Gib mir durch deine Auferstehung den Mut,
selbst aufzustehen aus dem Grab
meines Selbstmitleids, meiner Angst,
meiner Dunkelheit, meiner Depression.
Manchmal möchte ich lieber im Grab liegen bleiben,
auch wenn es dort kalt und dunkel ist.
Es erscheint mir einfacher,
als mich dem Leben zu stellen
und verletzt zu werden.
Doch wenn ich auf dich schaue,
dann spüre ich auch in mir den Drang,
aufzustehen, die Fesseln abzuschütteln,
die mich gefangen halten.
Sende mir den Engel der Auferstehung,
dass er auch von mir den Stein wegwälzt,
der mich am Leben hindert und mich blockiert,
aus mir herauszugehen.
Maria von Magdala ist dir begegnet,
und du hast sie mit ihrem Namen angesprochen.
Sie hat erfahren, dass dein Wort der Liebe,
das sie während deines Lebens von dir
gehört hat, auch nach dem Tod bestehen bleibt.
Sie kann nicht aus deiner Liebe fallen.

Schenke auch mir die Gewissheit,
dass ich im Tod
nicht aus deiner Liebe fallen werde,
dass du mich wie Maria von Magdala
mit einem Wort der Liebe empfangen wirst.

An diesem Osterfest denke ich
an alle Menschen, die Angst haben vor dem Tod.
Befreie sie von ihrer Angst.
Und ich denke an die,
in denen es nicht Ostern geworden ist,
die immer noch im Grab
ihrer Depression und Trostlosigkeit liegen.
Lass das Licht der Osterkerze
auch in ihre Dunkelheit eindringen
und sie erhellen.
Lass die Kraft deiner Auferstehung
auch sie stärken, dass sie den Mut finden
aufzustehen und die Weite und Freiheit
deiner Auferstehung
am eigenen Leib zu erfahren.
Lass uns alle gemeinsam aufstehen zum Leben.
Amen.

DU BIST UNS BEGEGNET

Ostern

Auferstandener Herr Jesus Christus,
du bist deinen Jüngern nach deiner
Auferstehung immer wieder begegnet.
Du bist mit den Emmaus-Jüngern gegangen,
die auf der Flucht waren
vor sich selbst und ihrer Enttäuschung.
Du hast so mit ihnen gesprochen,
dass ihr Herz zu brennen anfing.
Du hast ihnen das Brot gebrochen,
und sie haben dich erkannt.
Du willst auch mir in jeder Eucharistiefeier
als der Auferstandene begegnen.
Da bist du unter uns und brichst uns das Brot,
damit auch uns die Augen aufgehen
und wir dich erkennen.
Du bist den Jüngern am See Gennesaret
mitten in der Nacht ihrer Vergeblichkeit
begegnet. Sie haben die ganze Nacht
umsonst gearbeitet. Da standest du am Ufer
und hast sie angesprochen.
Und als ihr Netz sich auf einmal füllte,
da erkannte dein Lieblingsjünger:
«Es ist der Herr!» (Johannes 21,7)
Du bist auch mitten in meinem Alltag bei mir,
in meiner Arbeit im Büro, in den Besprechungen
mit anderen, bei den gemeinsamen Mahlzeiten.

Öffne mir die Augen,
damit ich dich bei allem, was ich tue, erkenne.
Dann wirst du meine Nacht der Vergeblichkeit
in einen leuchtenden Morgen verwandeln,
meine Einsamkeit und das Graue meines Alltags
in die Erfahrung deiner liebender Nähe.
Du bist dem zweifelnden Thomas begegnet.
Du kennst auch meine Zweifel, ob manches,
was ich glaube, nur Einbildung ist.
Tritt du selbst in meine Zweifel hinein
und zeige dich mir. Berühre mich
mit deinem Wort, damit ich dich zu berühren
wage und mit Thomas zu sprechen vermag:
«Mein Herr und mein Gott» (Johannes 20,28).
Lass mich wie Thomas in meinem Zweifel
niederfallen vor dir und dich anbeten:
Du bist wahrhaftig mein Herr und mein Gott.
Du bist wirklich auferstanden
und richtest auch mich auf.
Amen.

Jesus spricht:
Wer von dem Wasser trinkt, das ich ihm geben werde,
wird in Ewigkeit keinen Durst mehr haben,
sondern das Wasser, das ich ihm geben werde,
wird in ihm zu einer Quelle von Wasser werden,
das ins ewige Leben sprudelt.
JOHANNES 4,14

DU BIST IN UNS ALS DER INNERE MEISTER

Christi Himmelfahrt

Herr Jesus Christus,
vierzig Tage nach deiner Auferstehung
bist du in den Himmel aufgefahren.
Du hast dich uns entzogen.
Du willst nicht, dass wir dir
nur äußerlich nachfolgen.
Du bist nun in uns als der innere Meister.
«Dein Himmel ist in mir»,
hat Angelus Silesius gedichtet.
Du bist auch in den Himmel in mir aufgestiegen.
Du bist mir durch deine Himmelfahrt
innerlicher geworden, als ich mir selbst bin,
wie es Augustinus ausgedrückt hat.
Doch oft spüre ich den Himmel in mir nicht.
Herr Jesus Christus, öffne meine Augen,
damit sie den Himmel in mir entdecken,
den Raum der Stille in mir,
in dem du in mir wohnst.
Dort, wo du in mir herrschst,
kann kein Mensch über mich Macht ausüben.
Da bin ich wahrhaft frei.

Wenn ich unter blauem Himmel spazieren gehe,
wird auch mein Herz weit.
Doch oft genug ist der Himmel über mir verhangen.
Viele Menschen schauen nie zum Himmel auf.

Sie kreisen so um sich und ihre Probleme,
dass sie den weiten Horizont
über ihrem Leben nicht wahrnehmen.
Für sie bitte ich:
Lenke ihren Blick zum Himmel,
dass ihre Sorgen das rechte Maß annehmen
und sie sich von dir umgeben und umhüllt wissen.
Öffne über ihnen den Himmel,
dass dein Licht von oben in sie eindringt
und ihr Herz weit macht, damit auch sie
in ihrem Inneren den Himmel entdecken,
in dem dein Glanz schon jetzt aufstrahlt.
Lass mich und lass die vielen Menschen,
für die sich der Himmel verdunkelt hat,
dieses innere Licht sehen,
dein Licht der Auferstehung,
mit dem du uns erleuchtest.
Amen.

SEI DU IN MIR, HEILIGE GLUT

Pfingsten

Heiliger Geist, an Pfingsten hast du
die schüchternen Apostel aus ihrem
verschlossenen Obergemach herausgetrieben,
so dass sie voller Mut die Frohe Botschaft
von der Auferstehung Jesu verkündeten.
Du warst wie ein Sturm, der sie durchwehte,
der alles Verstaubte aus ihnen heraustrieb
und sie zu den Menschen sprechen ließ.
Ein Sturm der Begeisterung erfasste
Redner wie Zuhörer.
Heiliger Geist,
durchströme auch mich mit deinem Sturm.
Wehe aus mir alles Hemmende und Blockierende
heraus und führe mich in die Freiheit.

Heiliger Geist, du bist den Jüngern
in Feuerzungen erschienen.
Du hast ihren Worten Feuer gegeben.
Sei du in mir als die Glut, die mich wärmt,
damit auch meine Sprache zu wärmen vermag.
Ich merke, dass eine kalte Sprache
die Menschen nur auseinandertreibt.
Jeder zieht sich auf sich selbst zurück,
um nicht frieren zu müssen.

Durchglühe mich mit deinem Feuer,
damit meine Worte wieder Feuer fangen,
damit ein Funke von ihnen überspringt.
Schenke mir eine wärmende Sprache,
eine Sprache, die zusammenführt
und die die Menschen verstehen,
so wie an Pfingsten alle die Sprache
der Apostel verstanden.
Entlarve die kalte und menschenverachtende
Sprache, die heute oft gesprochen wird,
und schenke nicht nur mir,
sondern der ganzen Welt eine Sprache,
die verbindet, die vereint,
die aufrichtet und heilt.

Wenn du die Herzen der Menschen berührst,
dann werden sie eine Sprache sprechen,
die aus dem Herzen kommt.
Diese Sprache wird uns miteinander verbinden,
so dass wir gemeinsam
die Großtaten Gottes verkünden.
Amen.

GEBETE DES GLAUBENS

Ich glaube an Gott

Ich glaube an Gott,
den Vater, den Allmächtigen,
der alles geschaffen,
Himmel und Erde,
die sichtbare und die unsichtbare Welt.
AUS DEM GLAUBENSBEKENNTNIS

ICH MÖCHTE GLAUBEN

Viele Menschen sagen:
«Ich kann nicht glauben.
Ich sehe Gott nicht.
Ich glaube nur, was ich sehe und erfahren kann.»
Solche Sätze verunsichern mich,
und ich weiß oft nicht recht,
was ich darauf antworten kann.
Denn ich kenne auch in mir den Zweifel,
ob das alles so stimmt, was ich glaube,
oder ob es nur eine Einbildung ist,
damit es mir besser geht.

Jesus, du hast den Zweifler Thomas nicht getadelt.
Du hast seinen Zweifel belohnt.
Er durfte dich nicht nur sehen,
sondern auch deine Wunden berühren.
Das hat ihn zu einem tieferen Glauben geführt.
Er konnte auf einmal bekennen:
«Mein Herr und mein Gott!» (Johannes 20,28)
Lass mich durch alle Zweifel hindurch
immer mehr dich erkennen:
meinen Herrn und meinen Gott.
Herrsche du in mir und vertreibe
alle falschen Herren aus meinem Herzen:
die Herren des Geldes und des Erfolges,
der Anerkennung und der Bestätigung.

Sei du mein Gott und befreie mich von den Götzen,
denen ich oft nachlaufe.
Schenke mir wie dem Thomas die Berührung
mit dir und deinen Wunden,
damit ich in deinen Wunden die Liebe spüre,
die für mich gestorben ist.
Dann wird mir aufgehen,
was du deinen Jüngern zugesagt hast
und was du mir heute zusprichst:
«Eine größere Liebe hat niemand
als die, dass er sein Leben
für seine Freunde hingibt» (Johannes 15,13).
Amen.

DU HAST MICH GUT GEMACHT!

Gott, du hast mich geschaffen.
Ich danke dir,
dass du mich so wunderbar gemacht hast.
Ich freue mich an meinem Leib,
an meinem Geist, der immer neue Ideen hat,
und an den Fähigkeiten, die du mir geschenkt hast.
Du hast die Natur geschaffen,
deren Schönheit ich bewundern darf.
Ich kann mich manchmal gar nicht satt genug sehen.

Du bist der Schöpfer.
Deine Hand hat mich gestaltet
und formt mich Tag für Tag.
Du bist mein Vater, der mich hält.
Ich weiß, dass du immer bei mir bist.
Auch wenn ich weit weg bin von dir,
kann ich wieder zu dir zurückkommen,
und du nimmst mich in deine barmherzigen Arme auf.
Auch wenn ich manchmal Umwege und Irrwege gehe,
hältst du immer deine Arme auf,
damit ich mich darin bergen kann.
Ich danke dir, du Schöpfer meines Lebens
und du Vater, der mich gebildet hat.
Mit der Bibel darf ich beten:
«Ich danke dir, dass ich so staunenswert
und wundersam gemacht bin» (Psalm 139,14).

AUCH WENN ICH DICH NICHT VERSTEHE

Gott,
du bist mein Vater, du bist meine Mutter.
Du bist der Vater, der mir den Rücken stärkt,
der mir Mut macht, mein eigenes Leben zu wagen.
Und ich weiß, dass ich immer
zu dir zurückkommen kann, wenn ich Hilfe brauche.
Bei dir kann ich mich anlehnen,
wenn ich mich schwach fühle.

Gott, du bist meine Mutter.
Du schenkst mir Geborgenheit und Heimat.
Du gibst mir das Gefühl,
dass ich willkommen bin auf dieser Welt.
Du schaust mich wohlwollend und freundlich an.
Wenn ich mich allein fühle, weiß ich,
dass deine liebende Gegenwart mich einhüllt,
dass ich geborgen bin in deiner Liebe,
die mich umgibt.

Jesus hat mich eingeladen,
dich meinen lieben Vater zu nennen.
Die vertraute Beziehung, die Jesus zu dir hatte,
hat er auch uns zugesprochen.
Aber manchmal erlebe ich dich gar nicht
als den lieben Vater.

Wenn mir das Leben gar nicht glücken will,
wenn ich das Leid in der Welt sehe,
dann bringe ich das nicht zusammen
mit dem Bild des lieben Vaters
und der guten Mutter.

Du, Gott, bist mein Vater und meine Mutter.
Aber du bist auch der ganz Andere,
den ich nicht verstehe.
Du bist mir oft unbegreiflich.
Auch wenn ich dich nicht verstehe, vertraue ich,
dass du mein Vater und meine Mutter bist,
dass du mich nicht verlässt
und dass ich zu dir kommen kann mit allem,
was mich bewegt. Amen.

DIE SICHTBARE UND DIE UNSICHTBARE WELT

Gott, du mein Vater, alles hast du geschaffen,
die sichtbare und die unsichtbare Welt.
Was ich in dieser Welt erlebe,
stammt von dir.
Wenn ich wunderschöne Landschaften sehe,
begegne ich dir, der du diese Welt
mit so vielen Wundern ausgestattet hast.
Aber du hast auch die Engel geschaffen,
die ich nicht sehe.
Du sendest deinen Engel zu mir,
wenn ich mich allein fühle.
Manchmal schickst du mir einen Menschen,
der mir zum Engel wird.
Er kommt gerade im rechten Augenblick,
um mich anzusprechen und aufzurichten.
Oft kommt der Engel in einer Eingebung zu mir.
Und ich finde eine Antwort auf meine Frage.
Du schickst deinen Engel in meine Einsamkeit,
in meine Dunkelheit, in meine Verzweiflung.
Manchmal darf ich den Engel spüren.
Dann bin ich nicht mehr allein.
Du hast mich nicht vergessen.
Du hast deinen Engel zu mir geschickt.
Ich bin dir wichtig genug, dass du an mich denkst.
So weiß ich, dass ich nie allein sein werde.
Dein Engel wird immer bei mir sein. Amen.

Du sprichst: Meine Zuversicht ist ja der Herr;
zum Schutz hast du erkoren den Höchsten.
So wird dir begegnen kein Unheil,
keine Plage wird nahen deinem Zelt.
Denn er entbietet für dich seine Engel,
dich zu behüten auf all deinen Wegen.

PSALM 91,9–11

Jesus Christus

Brot JOHANNES 6,36

Wasser JOHANNES 4,14

Licht JOHANNES 8,12

Guter Hirt JOHANNES 10,11

Tür JOHANNES 10,9

Weinstock JOHANNES 15,5

Weg, Wahrheit, Leben JOHANNES 14,6

Auferstehung JOHANNES 11,25

JESUS, MEIN BRUDER

Jesus, du bist mein Bruder,
der mich begleitet auf meinen Wegen.
Manchmal ist mir Gott so fern
und ich kann mir ihn gar nicht vorstellen.
Dann versuche ich
mir dein Bild vor Augen zu halten,
so wie du damals auf die Menschen zugegangen bist,
wie du sie von ihren Krankheiten geheilt
und sie wieder aufgerichtet hast,
wenn sie mutlos waren.
Ich spüre, wie du die Menschen liebst.
Du verurteilst niemanden.
Du gibst jedem eine Chance, immer wieder,
auch wenn er sich lange nicht
um dich gekümmert hat.
Ich spüre die Kraft, die in dir steckt.
Du hast keine Angst,
dich mit anderen anzulegen, wenn sie sich
hinter ihrer frommen Fassade verstecken.
An dir kann keiner so leicht vorbeigehen.
Schenke mir etwas von deiner Kraft,
von deiner Geradlinigkeit, von deiner Klarheit,
aber auch von deiner Liebe und Güte,
von deinem Vertrauen und deiner Zuversicht.

Dann wird mir mein Leben gelingen.
Dann werde ich mich nicht von andern
in eine Richtung treiben lassen,
die mir gar nicht liegt.
Jesus, sei heute bei mir,
damit ich durch dich auch ganz ich selber bin.
Dann komme ich mit mir selbst in Berührung,
ohne mich von andern verbiegen zu lassen.
Darum bitte ich dich, Jesus Christus,
meinen Bruder und meinen Herrn.
Amen.

JESUS, BROT DES LEBENS

Jesus, du hast wunderbare Worte gesagt,
um mir zu zeigen, wer du für mich bist.
Du hast gesagt, dass du das Brot des Lebens bist,
das wahre Brot,
das vom Himmel herabgekommen ist.
Du bist wie Brot, das mir Kraft gibt für den Weg.
Das mich stärkt, wenn ich mich kraftlos fühle.
Du stillst meinen Hunger nach Leben, nach Liebe.
Wenn ich dich spüre,
dann brauche ich meinen Hunger
nicht mit Essen zuzustopfen,
dann kann ich genießen, was ich zu mir nehme.
Du hast dich mit dem Brot verglichen,
das Gott dem Volk Israel in der Wüste gegeben hat.
Wenn ich mich manchmal wie in der Wüste fühle,
allein gelassen und unverstanden
von den Menschen, die ich liebe,
dann bist du wie Brot, das mich nährt.
Wenn du bei mir bist,
fühle ich mich nicht mehr einsam.
Danke! Amen.

JESUS, LEBENDIGES WASSER

Jesus,
du hast einer Frau aus Samarien verheißen,
du würdest ihr ein Wasser geben,
das in ihr zu einer sprudelnden Quelle wird.
Dann braucht sie nicht mehr Wasser zu schöpfen.
Dann hat sie keinen Durst mehr.
Jesus, manchmal fühle ich mich wie ausgetrocknet.
Ich habe keine Ideen mehr,
wie ich mein Leben gestalten soll.
Da sehne ich mich danach,
dass du mich wie eine frische Quelle
wieder lebendig machst.
Dass du das Schläfrige wegwischst
und mir neue Lebendigkeit schenkst.
Sei du für mich das Wasser,
das meinen Durst nach Liebe stillt
und mich erfrischt,
damit das Leben wieder in mir strömt
und auch für andere zur Quelle des Segens wird.
Amen.

JESUS, LICHT DER WELT

Jesus, du hast von dir gesagt,
dass du das Licht bist und mich erleuchtest.
Manchmal ist alles dunkel um mich herum
und auch in mir.
Wenn ich das Gefühl habe, von den Menschen,
die ich liebe, nicht beachtet zu werden,
Kritik statt Ermunterung zu erfahren.
Dann fühle ich Dunkelheit und habe den Eindruck,
dass sich ein Schleier auf meine Augen gelegt hat.
Da sehne ich mich nach dem Licht,
das alles in mir erleuchtet.
Das mir die Augen öffnet,
damit ich wieder klar sehen kann.
Jesus, manchmal bleiben auch deine Worte
für mich dunkel und ich verstehe sie nicht.
Aber manchmal sind sie für mich wie ein Licht,
das mir meinen Weg erleuchtet.
Sei mir Licht auf meinem Weg,
damit ich mich selbst verstehen kann.
Damit ich den Sinn meines Lebens entdecke.
Wenn du mich erleuchtest,
dann wird alles in mir und um mich herum hell.
Und das Leben bekommt eine andere Farbe.
Es lohnt sich, im Licht zu leben.
Amen.

JESUS, GUTER HIRT

Jesus, du hast von dir gesagt:
«Ich bin der gute Hirt.
Der gute Hirt gibt sein Leben für die Schafe.»
Du gehst mir nach,
wenn ich mich selbst verloren
oder wenn ich mich irgendwohin verirrt habe.
Du machst mir keine Vorwürfe,
sondern nimmst mich einfach auf deine Schultern
und trägst mich dorthin,
wo ich wieder leben kann.
Du kennst mich und du kümmerst dich um mich.
Und du setzt dein Leben für mich ein.
Ich bin dir wichtig, so wichtig,
dass du dein Leben für mich aufs Spiel setzt.
Wenn ich mich selbst nicht annehmen kann,
wenn ich mir wertlos vorkomme,
dann tröstest mich das Bild des guten Hirten.
Ich stelle mir vor,
wie du mich auf deiner Schulter trägst.
Und ich weiß: Mein Leben wird gelingen.
Amen.

JESUS, DIE TÜR

Jesus, oft finde ich keinen Zugang zu mir selbst.
Ich fühle mich wie abgeschnitten von mir.
Ich lebe dahin, aber ich spüre mich nicht.
Dann kann ich auch die andern nicht erreichen.
Du hast von dir gesagt: «Ich bin die Tür».
Gib du mir den Schlüssel,
damit die Tür zu meinem Herzen sich öffnet,
damit ich eintreten kann in mein Inneres
und entdecke, dass du in mir wohnst.
Sei du die Tür, damit ich Zugang finde
zu den Menschen in meinem Leben,
damit das Leben und die Liebe
zwischen uns wieder fließen kann.
Manchmal habe ich den Eindruck,
dass ich auf der Stelle trete,
dass mir Türen in die Zukunft verschlossen sind.
Öffne mir die Tür, damit ich
neue Bereiche meines Lebens betreten kann,
damit sich eine Perspektive eröffnet,
die meinem Leben Richtung gibt.
Zeig mir bei allem, was mich bewegt,
dass du bei mir bist.
Du bist die Tür zu dem Raum,
in dem ich alles finde:
mich selbst, die Menschen, die ich liebe,
und das Leben. Amen.

WEINSTOCK JESUS

Jesus, du sagst von dir:
«Ich bin der wahre Weinstock
und ihr seid die Reben.»
Ich bin mit dir verbunden
wie die Rebe mit dem Weinstock.
Die Liebe, die dich durchdringt,
strömt auch durch mich.
Der Atem, den ich in mir spüre,
ist nicht nur Luft.
In ihm strömt deine Liebe durch mich.
Sie gibt mir neuen Geschmack,
einen angenehmen Geschmack,
den Geschmack der Liebe.
Manchmal ist mein Leben ohne Geschmack.
Manchmal hilft mir auch das Wissen
um dein Wort nicht weiter.
Ich spüre mich nicht mehr.
Und wenn ich mich selbst nicht spüre,
ist mein Leben auch fruchtlos.
Jesus, du hast versprochen:
Wer in dir bleibt, der bringt viele Frucht.
Ich bitte dich,
dass du mein Leben Früchte bringen lässt,
dass es aufblüht und für andere fruchtbar wird
und sich viele daran freuen können.
Amen.

JESUS, DER WEG

Jesus, du sprichst zu uns:
«Ich bin der Weg, die Wahrheit und das Leben.»

Du bist der Weg.
Wenn ich dich betrachte,
finde ich einen Weg zum Leben.
Da bleibe ich nicht orientierungslos
in dieser Welt der tausend Angebote.
In dir geht mir das Geheimnis der Welt auf.

Du bist die Wahrheit.
Wenn ich mich in deine Worte versenke,
blicke ich auf einmal durch.
Ich schaue auf den Grund.
Und obwohl nach außen hin
noch vieles durcheinander ist,
habe ich den Eindruck:
In der Tiefe ist alles klar.

Du bist das Leben, Jesus.
Aber manchmal bleibst auch du mir fremd.
Da verstehe ich dich nicht.
Du versteckst dich wie hinter einer Wand.
Doch wenn ich deine Worte ernst nehme,
dann bin ich dir jedes Mal nahe,

wenn ich auf dem Weg bin,
wenn ich mich innerlich wie äußerlich bewege.
Und wenn mir etwas aufgeht,
dann erkenne ich letztlich dich.
Wenn ich voller Leben bin, dann erfahre ich dich.
In meiner Lebendigkeit
geht mir dein Geheimnis auf.
So bist du mir nicht fern.

Auf jedem Weg,
in jeder Wahrheit, die mir aufgeht,
im Leben, das ich spüre,
komme ich auch in Berührung mit dir,
da bist du bei mir. Amen.

RUF MICH INS LEBEN, JESUS

Jesus, manchmal scheint mir das Leben so drückend,
dass ich nicht aufstehen,
sondern liegen bleiben möchte.
Alles wird mir zur Last:
die Arbeit, die Beziehungen meines Lebens.
Wenn ich an dich, den Auferstandenen, glaube,
dann kann ich jetzt schon aufstehen zum Leben.
Wenn ich in meiner Angst oder meiner Dunkelheit
liegen bleiben möchte wie in einem Grab,
dann brauche ich deine Verheißung:
«Ich bin die Auferstehung.»

Jesus, wecke du mich auf,
damit ich den Mut habe, die Augen zu öffnen
und die Dinge so zu sehen, wie sie sind.
Richte mich auf,
damit ich aufstehe aus meinem Grab
und den Aufstand wage gegen alles,
was mich am Leben hindern möchte.
Nimm den Stein weg, der manchmal auf mir liegt
und mich vom Leben abhält.
Wenn ich in mir selbst verschlossen bin,
dann sprich zu mir das Wort,
mit dem du deinen toten Freund Lazarus
ins Leben gerufen hast: «Komm heraus!»
Amen.

Geist Gottes

Wir wissen ja nicht, um was wir bitten sollen,
wie es sich gehört. Da tritt der Geist selbst für
uns ein mit unaussprechlichem Seufzen.
RÖMER 8,26

KOMM, HEILIGER GEIST

Komm, Heiliger Geist,
und erhelle die Dunkelheit meines Herzens.
Schenke meiner inneren Zerrissenheit
und meiner Unrast Ruhe und Frieden.
Wasche rein in mir, was befleckt ist.
Kläre in mir, was sich eingetrübt hat.
Brich das Erstarrte in mir auf,
dass das Leben wieder in mir strömt.
Befruchte, was in mir vertrocknet
und verdorrt ist, und bringe es zum Blühen.
Heile du, wo ich verwundet bin.

Lass deine heilende Kraft
in meine Krankheiten strömen,
in die kranken Stellen meines Leibes,
aber auch in die kranken Bereiche meiner Seele.
Vieles in mir ist verwundet.
Oft spüre ich die Wunden,
wenn ich empfindlich reagiere
auf Kritik oder Unverständnis.
Heile du meine empfindlichen Stellen.
Berühre mich dort, wo ich nicht
in Berührung bin mit mir selbst.

Heiliger Geist,
oft bin ich orientierungslos.

Ich weiß nicht, wohin mein Weg geht.
Sprich du zu mir in der Stille meiner Seele
und zeige mir den Weg, den ich gehen soll.
Weise mich auf den Weg,
der mich in größere Lebendigkeit
und Freiheit führt.
Wenn ich kein Leben mehr in mir spüre,
dann gieße du deine göttliche Kraft in mich ein.
Richte mich auf, stärke mich, heile mich
und löse alle Fesseln, die mich gefangen halten.

Manchmal weiß ich nicht mehr weiter.
Ich weiß nicht, wie ich beten soll.
Komm du mir zu Hilfe. Bete du in mir
«in unaussprechlichem Seufzen» (Römer 8,26).
Zeige mir die Tiefen meiner Seele,
die ich selber nicht kenne,
und erfülle sie mit deiner Liebe und deinem Licht,
damit ich mich vor nichts in mir
zu ängstigen brauche.

Darum bitte ich dich,
heiliger und heilender Geist,
Geist Jesu Christi,
der mich immer tiefer hineinzieht
in die Gestalt meines Herrn Jesus Christus.
Amen.

BEISTAND GEIST

Jesus, du hast uns den Heiligen Geist
als Beistand verheißen.
Ich fühle mich oft allein gelassen.
Da steht mir niemand bei.
Da bin ich nur auf mich selbst angewiesen.
In solchen Situationen sehne ich mich
nach dem Beistand, der neben mir steht.
Der mir den Rücken stärkt. Der mit mir
durch alle Schwierigkeiten hindurchgeht,
die oft wie eine Mauer vor mir stehen.
Heiliger Geist, steh du mir bei,
wenn ich nicht weiß,
wie ich mich entscheiden soll.
Steh mir bei, wenn ich Angst habe,
das zu sagen, was ich wirklich spüre.
Steh mir bei, wenn ich mich zu sehr
nach den Erwartungen der anderen richte
und mich selbst dabei verbiege.
Stärke mir den Rücken,
damit ich zu mir stehen kann.
Wenn du bei mir stehst, bekomme ich auch Mut,
Rückgrat zu zeigen und für mich einzustehen.
Heiliger Geist, sei du heute mein Beistand,
damit ich alles durchstehen kann,
was mich erwartet. Amen.

BITTE UM DAS FEUER DES GEISTES

Heiliger Geist, du bist den Jüngern
wie Zungen von Feuer erschienen.
Du bist Feuer, das uns wärmt,
das uns lebendig macht.
Manchmal fühle ich mich ausgebrannt und leer.
Ich habe den Eindruck,
da glüht in mir nichts mehr.
Die Begeisterung ist verflogen.
Alles in mir ist kalt und grau wie Asche.

Da sehne ich mich nach dem Feuer,
das ich schon gespürt habe.
Wenn du in mir als Feuer bist,
dann sprüht es in mir.
Dann habe ich auf einmal Ideen.
Dann stecke ich auch andere an.
Dann ist es in mir warm und um mich herum
entsteht Wärme.
Heiliger Geist, sei du in mir die Glut,
die auch andere wärmt.
Sei du in mir das Feuer,
von dem die Funken sprühen
und auch in anderen Leben wecken.

Heiliger Geist, du bist in mir,
auch wenn ich dich nicht spüre.

Ich will mir jetzt vorstellen,
dass du wie eine Glut in mir bist
und mein Inneres wärmst.
Ich muss von Zeit zu Zeit
die Tür meines Ofens schließen,
damit die Glut nicht ausbrennt,
sondern mich erwärmt.
Dann werden vielleicht auch andere kommen,
um sich zu mir zu setzen und sich an mir
wie an einem Ofen zu wärmen.
In solchen Augenblicken
bin ich voller Dankbarkeit.

Heiliger Geist, lass mich dich spüren
als die Glut, die uns im Innersten
miteinander verbindet und Gemeinschaft stiftet.
Amen.

UM DIE GABEN DES GEISTES

Heiliger Geist, du spendest uns deine Gaben.
Du hast auch mich begabt mit vielen Fähigkeiten.
Aber oft sehe ich die Gaben nicht,
die du mir geschenkt hast.
Andere Menschen haben so viele Begabungen.
Wenn ich mich mit ihnen vergleiche,
schneide ich immer schlechter ab.
Ich tue mich schwer, aus mir herauszugehen
und das zu erreichen, was mir vorschwebt.
Lass mich dankbar die Gaben annehmen,
die du in mich hineingelegt hast.
Durchdringe diese Begabungen,
damit sie Frucht bringen für mich und für andere.
Schenk mir Vertrauen, dass die Fähigkeiten,
mit denen du mich begabt hast,
mir ein Leben ermöglichen, das mir entspricht
und meinen inneren Reichtum entfaltet.
Und gib mir die Gabe der Dankbarkeit,
damit ich dankbar entfalte,
was du in mich hineingelegt hast. Amen.

Komm göttlicher Geist

Komm göttlicher Geist und sende uns Blinden
den Strahl deines Lichts.
Du Geber und Gabe, gib Vater der Armen,
den Herzen ein Licht.
Du Stärkung und Trost, du Gast unsres Geistes,
Erfrischung und Kraft.
Du Ruhe in Not, du Weite in Ängsten,
du Trost in Gefahr.
Glückseliges Licht, erfülle von innen
das gläubige Herz.
Wenn dein Strahlen fehlt, versinken wir Menschen,
versinken im Nichts.
Beflecktes mach rein! Vertrocknetes tränke!
Erkranktem gib Heil!
Erstarrtes mach weich! Dem Kalten schenk Wärme,
Verirrtem den Weg!
Gib dem, der vertraut, die Fülle der Gaben,
die Fülle der Kraft:
die Liebe, die bleibt, ein seliges Ende
und Freude in Gott.
STEPHEN LANGTON

Gemeinschaft Kirche

Ein Schiff, in dem vereint
wir fahren – du weißt, wohin?
HUUB OOSTERHUIS

DANK FÜR DIE GEMEINSCHAFT

Guter Gott, ich danke dir für die Gemeinschaften,
in die du mich gestellt hast,
für die Gemeinschaft meiner Familie,
in der ich mich geborgen und getragen fühle,
für die Gemeinschaft der Freunde,
die mir Halt geben und mein Leben bereichern,
und auch für die Gemeinschaft der Kirche,
in die du mich hineingestellt hast.
Die Gemeinschaft der Kirche tut mir gut,
wenn ich im Gottesdienst und im gemeinsamen Gebet
mich und mein Leben ausdrücken kann.
Dann spüre ich, wie das Gebet der anderen
mich mitträgt und eine eigene Kraft erzeugt.
Gemeinsam schauen wir auf dich, singen und beten
und schweigen vor dir.
Dann spüre ich manchmal deine Gegenwart und
erfahre, dass mein Glaube keine Einbildung ist,
dass ich nicht allein gelassen bin
mit meiner Sehnsucht nach dir.
In solchen Augenblicken fühle ich mich
in einer tieferen Weise getragen,
als jede menschliche Gemeinschaft es vermag.
Sei du selbst in unseren Gottesdiensten,
damit ich dich spüre als den Grund, der uns trägt,
als das Band, das uns zusammenhält, als den Gott,
der unserem Leben Sinn schenkt. Amen.

ENTTÄUSCHTE GEMEINSCHAFT

Gott, ich erlebe die Gemeinschaft der Kirche
nicht nur als tragend und erfüllend,
sondern oft auch als enttäuschend.
Manche Gottesdienste sind leer, und ich spüre
nichts von deiner Gegenwart unter uns Menschen.
Ich ärgere mich über die Durchschnittlichkeit
der Kirche, über ihre internen Machtkämpfe,
über ihr oft jämmerliches Erscheinungsbild.
Manchmal schimpfe ich dann über die Kirche,
aber ich weiß auch,
dass keine menschliche Gemeinschaft,
weder meine Familie noch meine Freunde,
noch die Kirche mein letzter Halt sind,
sondern allein du, mein Gott.
Und die Sehnsucht nach dir wird
nicht nur durch die Erfüllung geweckt,
sondern auch durch Enttäuschung.
Diese Sehnsucht nach dir gehört zur mir.
Und in meiner Sehnsucht nach dir
bist du schon in mir.
Daher will ich dir auch für die Enttäuschungen
an der Gemeinschaft der Kirche danken,
denn sie sind wichtig, damit ich
mein Lebenshaus nicht auf ein schönes Gefühl
von Miteinander baue, sondern auf dich.

Gefühle sind ein brüchiges Fundament
für mein Haus.
Die Enttäuschungen zwingen mich, dass ich
das eigentliche Fundament meines Lebens entdecke:
dich, meinen Gott. Um dich geht es.
Erfüllte Gemeinschaft und enttäuschte Gemeinschaft:
Beides will mich immer mehr auf dich hin treiben,
damit du der Grund meines Lebens wirst.
Damit ich aus dir lebe und in dir
die Erfüllung meiner Sehnsucht finde.
Amen.

Glücklich, die vor Gott arm sind:
Für sie ist Gottes Reich gekommen.
Glücklich, die jetzt traurig sind:
Sie werden getröstet werden.
Glücklich, die auf Gewalt verzichten:
Ihnen wird die Erde gehören.
Glücklich, die Hunger und Durst
haben nach Gerechtigkeit:
Ihre Sehnsucht wird erfüllt werden.
Glücklich, die barmherzig sind:
Sie werden selbst Erbarmen finden.
Glücklich, die ein reines Herz haben:
Gott wird sich ihnen zeigen.
Glücklich, die Frieden machen:
Gott wird sie seine Kinder nennen.
Glücklich, die verfolgt werden, weil es
ihnen um Gerechtigkeit geht:
Für sie ist Gottes Reich gekommen.

MATTHÄUS 5,1–10

MEDITATION ÜBER DIE SELIGPREISUNGEN

Selig, die arm sind vor Gott

Wir Menschen sehnen uns alle nach Glück. Wir wissen, dass wir das Glück nicht machen und auch nicht kaufen können. Jesus hat uns Wege gezeigt, wie unser Leben gelingt. Er hast die glücklich gepriesen, die arm sind vor Gott. Vor Armut erschrecken wir eher. Wir möchten lieber reich werden, zumindest wünschen wir uns, dass wir nicht ständig Geldsorgen haben, sondern zufrieden leben können. Doch wir wissen auch, dass Besitz besessen machen kann. Jesus verlangt nicht von uns, dass wir nichts haben dürften, sondern dass wir nicht am Äußeren hängen. Der Reichtum, den wir außen suchen, wird uns nie zufriedenstellen. Vor allem wenn wir uns mit anderen vergleichen, werden wir nie zufrieden sein mit dem, was wir haben.

Jesus, du sprichst von dem Schatz,
den wir im Himmel haben. Wenn du in mir wohnst,
dann habe ich alles, was ich brauche.
Dann entdecke ich in mir einen inneren Reichtum.
Wenn ich diesen Reichtum in mir finde,
dann ahne ich, was Glück meint.
Schenke mir diesen inneren Schatz,
den «kein Dieb wegnimmt» (Lukas 12,33).

Selig, die jetzt traurig sind

Niemand will gerne traurig zu sein. Trauer möchte jeder eher vermeiden. Trotzdem sind wir manchmal traurig. Wenn wir uns nicht verstanden fühlen, wenn wir an Einsamkeit leiden, dann steigt Traurigkeit in uns hoch. Warum preist Jesus gerade die Trauernden selig? Vielleicht weil gerade die, die sich auch ihrer Trauer stellen, fähig sind, wahre Freude zu erfahren. Wer nur unverletzt bleiben will, der kann sich auch nicht wirklich freuen. Trauer und Freude gehören offensichtlich beide zum Leben. Beide geben dem Leben Geschmack.

Jesus, wenn ich in meine Traurigkeit hineinspüre,
dann fühle ich mich auch lebendig, dann komme ich
in Berührung mit der Tiefe meiner Seele.
Das Leben ist nicht nur oberflächlich.
Ich ahne das Geheimnis meines Lebens.
Die Trauer über meine Einsamkeit, über den Verlust
lieber Menschen, die Trauer über verpasste Chancen
öffnet mich für das, was mein Leben trägt.
Dann ahne ich, dass du letztlich der Grund bist,
auf den ich mein Leben bauen kann.
Wandle du meine Trauer in eine Freude,
die auch durch einen grauen Alltag
nicht zerstört werden kann. Amen.

Selig, die auf Gewalt verzichten

Wenn wir verletzt werden, möchten wir zurückschlagen. Wir spüren in uns das Verlangen, den anderen mit Worten zu verletzen, ihm unsere Überlegenheit zu zeigen und ihn klein zu machen. Danach fühlen wir uns schlecht und ärgern uns über uns selbst.

Jesus, zeige du mir einen anderen Weg,
auf Kränkungen zu reagieren!
Du hast denen, die keine Gewalt anwenden,
Heimat verheißen.
Um auf Gewalt zu verzichten, brauche ich
die Erfahrung, dass du in mir wohnst.
Dort, wo du in mir wohnst, bin ich daheim.
Und wenn ich in mir selbst und in dir
Heimat erfahre, dann dringen die Verletzungen
nicht in mein Inneres ein.
Sie berühren nur meine Gefühle.
Doch je tiefer ich in mich hineingehe,
desto weniger kränken sie mich.
Wenn ich die Heimat in mir spüre,
dann habe ich es nicht nötig, zurückzuschlagen.
Dann ahne ich, was Glück heißt:
In dir zu ruhen. In dir Heimat zu haben.
Ganz im Einklang zu sein mit mir und dir,
so dass mich keine Gewalt von außen
vertreiben kann. Amen.

Selig, die nach Gerechtigkeit hungern und dürsten

Jesus verspricht in der Bergpredigt das Glück nicht nur denen, die sich gerecht gegenüber anderen verhalten oder die selbst gerecht werden, sondern allen, die sich nach Gerechtigkeit in dieser Welt sehnen. Also Menschen, die nicht ruhen, bevor nicht auch den Menschen um sie herum Gerechtigkeit widerfährt. Wer die Worte Jesu ernst nimmt, kann sich nicht nur um sich selbst kümmern, sondern muss sich einsetzen für Menschen, die nicht um ihr Recht kämpfen können, die keine Stimme haben. Das ist oft unbequem; dabei geraten wir in Konflikte und Auseinandersetzungen.

Jesus, ich spüre, dass ich wirklichen Frieden
nur finden kann, wenn ich meine Solidarität
zu den Menschen auch nach außen ausdrücke.
Zugleich werde ich mir meiner Grenzen bewusst.
Ich kann nicht Recht und Gerechtigkeit
für alle Menschen durchsetzen.
Jesus, zeige mir den Weg,
wie ich beidem gerecht werden kann:
meinen eigenen Grenzen
und den Menschen und ihrem Recht auf Leben.
Amen.

Selig, die barmherzig sind

Die Evangelien schildern uns Jesus als jemanden, der niemals Menschen verurteilte, sondern immer ein Herz hatte gerade für die, die sich arm und elend fühlen und sich als Sünder ausgestoßen wissen. Gott hat ein Herz für uns arme Menschen. «Barmherzigkeit» nennt das die Bibel. Sie hält die Sehnsucht wach nach einer Welt, die barmherziger ist als die unsere, in der es immer rauer zugeht.

Jesus, schenke mir deine Barmherzigkeit,
damit ich barmherzig mit mir selbst umgehe.
Ich reagiere oft so unbarmherzig
auf meine eigenen Fehler und Schwächen.
Ich verurteile mich selbst.
Da sehne ich mich nach deinem Herzen,
das sich erbarmt, statt zu verurteilen.
Wenn ich mit mir selbst barmherzig bin,
dann kann ich auch ein Herz haben
für die Menschen, die sich selbst
nicht annehmen können.
Lass deinen Geist der Barmherzigkeit
immer tiefer in mein Herz eindringen,
damit mein Herz weit wird.
Damit ich mit einem weiten Herzen
die Menschen um mich herum einlade,
sich selbst mit gütigen Augen anzuschauen. Amen.

Selig, die ein reines Herz haben

Menschen, die in sich klar und lauter sind, die keine Nebenabsichten verfolgen, sind faszinierend. Solche Menschen hat Jesus selig gepriesen, wenn er von denen spricht, die ein reines, ein unverstelltes Herz haben. Wir sehnen uns nach Menschen mit einem solchen lauteren Herzen, und entdecken in uns selbst oft ein Herz, das mehr einer Mördergrube gleicht, ein Herz voller Aggressionen und Vorurteile. Wer mit Menschen zusammen ist, die ein reines Herz haben, spürt in sich die Sehnsucht, genauso klar und eindeutig zu sein wie sie, und kommt auf diese Weise in Berührung mit dem, was in ihm selbst lauter und rein ist.

Jesus, vertreibe aus meinem Herzen
alles Unklare, Undurchsichtige, Unlautere.
Schenke mir die Reinheit und Klarheit,
die du selbst vorgelebt hast.
Du hast denen, die ein reines Herz haben,
verheißen, dass sie Gott schauen.
Lass mich Gott schauen und im Schauen auf Gott
immer klarer und durchsichtiger werden
für dich. Amen.

Selig, die Frieden machen

Kaum ein Mensch mag Unfrieden. Wenn es in unserer Umgebung Streit gibt, ziehen wir uns oft lieber zurück, weil Konflikte uns Angst machen. Wir möchten lieber unsere Ruhe haben. Aber diese Ruhe führt nicht zu wahrem Frieden. Konflikte haben oft ihre Ursache im inneren Unfrieden der Streitenden. Wer mit sich im Streit liegt, muss mit anderen kämpfen. Der Frieden, den Jesus verheißen hat, kommt aus der Erfahrung, bedingungslos von Gott geliebt zu sein. Wer sich bedingungslos geliebt weiß, spürt Frieden in sich und wird fähig, Frieden zu stiften, auch wenn um ihn herum die Menschen streiten.

Jesus, schenke mir den inneren Frieden,
damit ich um mich herum Frieden schaffen kann.
Wenn ich deinen Frieden in mir spüre,
dann macht mir der Unfrieden um mich herum
keine Angst mehr,
dann kann ich auf die Streitenden zugehen,
ohne mich in den Streit hineinziehen zu lassen
und ohne meinen inneren Frieden zu verlieren.
Jesus, du bist der wahre Friede.
Sei in mir,
damit du durch mich deinen Frieden
in die Welt hinein ausstrahlst.
Amen.

Selig, die um der Gerechtigkeit willen verfolgt werden

Wir leben unter Druck und fühlen uns durch andere angegriffen. Alle wollen etwas von uns, alle hegen Erwartungen, die wir nicht erfüllen können. Wir geraten unter Vorwürfe, die uns nicht gerecht werden, und fühlen unsere Ohnmacht, uns zu verteidigen. Manchmal werden wir angegriffen und wissen gar nicht warum. Wir können uns davon distanzieren, indem wir es als Problem bei den anderen belassen und uns nicht selbst zuschreiben. Aber die Verletzungen bleiben und bohren in uns weiter. Wenn wir in solchen Situationen beten, steigen die kränkenden Worte der anderen wieder in uns auf.

Jesus, befreie mich
von allen Worten, von allen Blicken,
von allen ablehnenden Gesten, die mich verfolgen.
Lass mich in dir Ruhe und Frieden finden.
Wenn du ganz in mir bist
und ich mich mit ganzem Herzen auf dich einlasse,
dann erfahre ich wahre Freiheit, eine Freiheit,
die ich nicht selbst schaffen kann.
Schenke du sie mir.
Dann kann ich frei und ohne Angst leben.
Amen.

MIT MARIA JA SAGEN

Gott, du mein Vater und meine Mutter,
du hast Maria zur Mutter deines Sohnes gewählt.
Ich schaue auf sie und staune
über das Geheimnis deiner Menschwerdung.
In Maria leuchtet mir deine
mütterliche und zärtliche Liebe auf.
«Du scheutest nicht den Schoß der Jungfrau.»
So betet die Kirche in einem alten Loblied.
Ich bitte dich, öffne mein Herz
für den Sohn der Jungfrau Maria, für Jesus,
damit ich ihn immer besser verstehe.
Schenke mir Marias Vertrauen, damit auch ich
mich deinem Wort so zu öffnen vermag,
dass es in mir Fleisch annimmt
und mich ganz und gar durchdringt.
«Deine Seele wird ein Schwert durchdringen»,
so hat Simeon im Tempel zu Maria gesprochen.
(Lukasevangelium 2,35).
Ich bitte dich für all die Mütter,
die darunter leiden,
dass ihre Kinder andere Wege gehen.
Ich bitte dich für alle einsamen Menschen,
für die zerbrochenen Herzen.
Lass sie im Blick auf Maria
deine mütterliche Liebe erkennen und spüren.
Lass sie in deiner Liebe geborgen sein.

Barmherziger Gott,
Maria hat sich auf dein Wort eingelassen
und ihm vertraut, obwohl sie nicht wusste,
wohin sie ihre Antwort führen wird:
«Mir geschehe nach deinem Wort»
(Lukasevangelium 1,38).
Schenke auch mir die Bereitschaft,
mich auf dein Wort einzulassen
und darauf zu vertrauen,
dass du auch mein Leben segnest.
Du schenkst mir Maria als Bild der Hoffnung,
dass auch mein Leben Frucht bringt
und Christus auch in mir geboren wird.
Halte deine gute Hand über mich,
damit ich mich immer mehr in deiner Liebe berge
und mich geschützt weiß vor allem,
was mich täglich bedrängt.
Amen.

DU HAST MIR EINEN ENGEL GEGEBEN

Gütiger Gott,
du hast mir einen Schutzengel zur Seite gestellt,
der mich begleitet und der zu mir spricht
in den leisen Anstößen meines Herzens.
So bitte ich dich,
stärke meinen Glauben an den Schutzengel,
der mir zur Seite steht.
Öffne mich für das, was er mir sagen möchte.
Lass mich immer und überall durch ihn
behütet sein.

Wenn ich an meinen Schutzengel denke,
dann sage ich zu ihm:

Du brauchst viel Geduld mit mir,
weil ich oft vor dir davonlaufe,
weil ich auf deinen Schutz nicht achte.
Ich denke, meinen Weg allein gehen zu können.
Und nur wenn ich nicht mehr weiter weiß,
rufe ich nach dir.
Ich danke dir, dass du mich aushältst,
dort, wo ich mich selbst nicht aushalte.
Ich danke dir, dass du mich nicht verlässt,
auch dort, wo ich mich selbst verlasse
und gar nicht mehr bei mir bin.

Ich danke dir, dass du mich begleitest
und auch alle Umwege und Irrwege mit mir gehst.
Du hast Vertrauen,
dass ich meinen Weg wieder finde.
Lass mich auf dich hören,
damit ich nicht zu lange vor dir fliehe,
sondern immer wieder meine Zuflucht zu dir nehme.
Dich hat Gott gesandt, damit mein Weg gelingt.

Ich danke dir,
barmherziger Gott, für deinen Engel,
den du in alle Situationen meines Lebens sendest,
damit ich mich nie allein gelassen fühle.
Dank sei dir Gott,
der du deinen Boten zu mir schickst.
Und Dank sei dir, meinem Schutzengel,
dass du dich von Gott senden lässt
und alle meine Wege mit mir gehst.
Amen.

GEBETE
DER STILLE

Beten mit der Bibel

DIE LESUNG DER SCHRIFT

Lectio divina

Das Ziel des Bibellesens ist, dass wir heil werden und ganz, dass unsere Wunden geheilt werden, dass wir uns aussöhnen können mit unserem Leben und unsere Augen öffnen für den Gott, den Jesus uns verkündet hat, ganz anders als die Schriftgelehrten. Dann lesen wir die Bibel richtig, wenn für uns die Bemerkung des Markus zutrifft: «Da staunten sie über seine Lehre, denn er lehrte sie wie einer, der (göttliche) Vollmacht hat, und nicht wie die Schriftgelehrten» (Markus 1,22). Sie können die Bibel nicht lesen, indem Sie sich ruhig zurücklehnen. Sie müssen sich auf sie einlassen, sich von ihr provozieren lassen. Dann werden Ihnen die Augen aufgehen, und Sie werden sich selbst und Gott neu entdecken.

Es ist gut, *allein die Bibel zu lesen*. Es ist aber auch gut, *die Bibel in Gemeinschaft zu lesen*. Die vielen Augen werden den Bibeltext von verschiedenen Seiten aus betrachten und Neues ans Licht bringen. Die Sichtweisen der andern regen mich an, selbst Neues im Text zu entdecken. Gemeinsam erzeugen wir dann eine Atmosphäre des Berührtwerdens. Auf einmal erschließt sich der Text. Und wir erfahren uns als von Gott Angesprochene und Aufgerichtete, als von Gott Geliebte und Geheilte.

Die *spirituelle oder mystische Schriftauslegung* lässt sich nicht von der Frage leiten: «Was soll ich tun?», sondern vielmehr von der Frage: «Wer bin ich?» Alle biblischen Texte werden als Bilder verstanden, die mir das Geheimnis meines Weges zu Gott erschließen wollen. Sie zeigen mir, wie ich vor meinem Gott stehe und welche Schritte ich tun soll, um diesem Gott näher zu kommen. Auf dem Hintergrund dieser spirituellen Schriftauslegung haben die Mönche die so genannte *lectio divina* («göttliche Lesung», das heißt Lesung der Heiligen Schrift) entwickelt. Die lectio divina kennt vier Schritte: *lectio – meditatio – oratio – contemplatio*. Diese vier Schritte können für uns heute ein guter Weg sein, die Heilige Schrift zu meditieren.

Die Lesung (lectio)

Der erste Schritt besteht in der *lectio*, in der Lesung. Ich lese den Text ganz langsam, als ob ich ihn zum ersten Mal lese. Ich möchte mich vom Wort Gottes treffen lassen. Ich spüre genau hin, wo mich ein Wort berührt und was es in mir auslöst. Ich lese die Bibel, um Gott zu begegnen und um Jesus Christus zu begegnen, von dem vor allem das Neue Testament auf jeder Seite spricht.

Die Meditation (meditatio)

Die *meditatio* meint, dass ich das Wort der Schrift in mein Herz fallen lasse. Ich denke nicht darüber nach, sondern versuche das Wort zu kauen und zu schmecken. Ich wiederhole es immer wieder in meinem Herzen. Der Evangelist Lukas hat diese

Methode am Beispiel von Maria, der Mutter Jesu, beschrieben. Er sagt von ihr, nachdem sie die Worte der Hirten gehört hatte: «Maria aber bewahrte alle diese Worte und bewegte sie in ihrem Herzen» (Lukas 2,19). Meditation meint: das Wort Gottes im Herzen zu wiederholen, damit es das Herz und die Tiefen der Seele immer mehr durchdringt. Es soll nicht nur im Kopf bleiben. Denn der Kopf ist immer unruhig. Worte, die nur im Kopf gehört werden, zerrinnen schnell. Doch wenn das Herz das Wort Gottes hin und her bewegt, dann dringt es immer mehr in das Unbewusste des Menschen ein und erleuchtet auch die Abgründe seiner Seele. Es bewirkt im Menschen einen guten Geschmack.

Die Mönchsväter nennen die «Meditation» auch *ruminatio*: das heißt wörtlich: «wiederkäuen». Sie sprechen davon, dass das Wort, das man wiederholt oder «wiederkäut», den ganzen Leib mit einem süßen Geschmack erfüllt. Es ist der göttliche Geschmack der Liebe, des Friedens und der Freude.

Meditari heißt: bei etwas verweilen, immer wieder üben. Man kann es auch deuten als: in die Mitte kommen. Das Wort soll in meine Mitte gelangen. Es soll für mich zur Mitte werden, aus der heraus ich lebe. Und es soll mich zur Mitte führen, zu meinem inneren Zentrum, aus dem heraus ich mein Leben gestalten möchte.

Das Gebet (oratio)
Der dritte Schritt der *lectio divina* ist die *oratio. Oratio* meint ein kurzes Gebet, ein Gebet, in dem ich meine Sehnsucht nach Gott mit allen meinen Gefühlen und Affekten ausdrücke. In der *meditatio* wird die Sehnsucht nach Gott geweckt. In der *oratio* bitte ich Gott, dass er meine Sehnsucht erfüllen möge. Er möge sich selbst mir schenken, damit ich mit ihm eins werde. Das Wort möge mich immer tiefer in Gottes Liebe hineinführen, damit ich mich in seine liebenden Hände fallen lasse.

Die Kontemplation (Eins werden)
Der vierte Schritt ist die *contemplatio*. Die Mönche sagen, dass wir nur die ersten drei Schritte der *lectio divina* wirklich üben können. Der vierte Schritt ist Geschenk der Gnade Gottes. Wir haben die Worte der Schrift meditiert. Jetzt lassen wir die Worte los und versuchen in der Stille, mit Gott eins zu werden. Die Worte haben uns in die Stille geführt. In den Worten hat uns Gott selbst berührt. Jetzt versuchen wir, in der Kontemplation Gott zu berühren und mit ihm eins zu werden.

Indem wir die Bibel lesen und meditieren, machen wir die tiefsten mystischen Erfahrungen. Das Ziel aller Mystik ist, mit Gott eins zu werden, nicht mehr über ihn nachzudenken, sondern von ihm erfüllt zu werden und in ihm uns selbst zu vergessen. Gerade dort, wo wir uns selbst vergessen, sind wir ganz gegenwärtig, ganz eins mit dem Augenblick, ganz eins mit Gott.

Contemplari heißt eigentlich schauen. Ich sehe aber nicht etwas Bestimmtes. Ich habe keine Vision. Vielmehr schaue ich auf den Grund des Seins. Papst Gregor erzählt vom heiligen Benedikt, dass er in einem einzigen Sonnenstrahl die ganze Welt erblickt habe. Damit beschreibt er das Wesen der *contemplatio*. In einem einzigen Blick schaue ich alles auf einmal, nicht nacheinander, sondern ineinander. Ich erkenne nicht etwas Begrenztes, über das ich sprechen könnte. Vielmehr blicke ich durch. Alles ist mir auf einmal klar. Ich weiß nicht, wie ich mein Leben erklären kann. Aber in der Tiefe meines Herzens weiß ich: es hat sich alles geklärt. Alles ist gut so, wie es ist. Kontemplation ist Zustimmung zum Sein, Zustimmung zu meinem Leben, Einverstandensein mit allem, was ist.

In der Kontemplation denken wir nicht über Gott nach. Denn solange wir noch über Gott nachdenken, sind wir von Gott getrennt. Die Kontemplation will uns in die Einheit mit Gott führen. Isaak von Ninive meint, das Wort der Schrift würde uns die Tür aufschließen zum wortlosen Geheimnis Gottes. Gott, der sich im Wort ausdrückt, ist doch jenseits aller Worte. Und dennoch brauchen wir die Worte, um in diesen wortlosen Raum der Stille zu gelangen und dort in Gott zu wohnen und mit Gott eins zu werden.

In der Stille lasse ich meine Gedanken und Bilder los. Ich bin einfach da, eins mit mir, eins mit Gott. Das ist immer nur ein Augenblick. Ich kann ihn nicht hervorrufen, sondern erlebe ihn als Geschenk. In diesem Raum des wortlosen Geheimnisses Gottes darf ich daheim sein. Heimat kommt von Geheimnis. Daheim sein kann man nur, wo das Geheimnis wohnt. In Gott kommt meint Seele zur Ruhe. Da wird Wirklichkeit, was der Psalmist sagt: «Schweigen lehrte ich meine Seele, und ich schaffte ihr Frieden. Wie ein Kind auf dem Schoß der Mutter, wie ein Kind, so ruht meine Seele in mir»(Psalm 131,2). Das Wohnen im Geheimnis Gottes ist wie das Ausruhen eines Kindes an der Wange der Mutter. Es ist Geborgensein beim mütterlichen und väterlichen Gott.

SEI BEI UNS IN DEINEM WORT

Gott,
du hast in der Heiligen Schrift
zu uns Menschen gesprochen.
Du willst jetzt, da ich die Bibel
in die Hand nehme, zu mir sprechen.
Öffne mein Herz,
damit ich in deinen Worten dein Herz entdecke.
Sende mir deinen Heiligen Geist,
damit ich deine Worte verstehe
und in deinen Worten dich selbst erkenne,
der bei mir und in mir ist,
der zu mir spricht, weil er mich liebt
und weil er mir den Weg zum wahren Leben
weisen möchte.
Lass mich in deinen Worten Heil
und Heilung erfahren.

Manchmal ärgern mich die Worte der Bibel.
Lass mich gerade an diesen Worten erkennen,
wer du in Wirklichkeit bist
und wer ich vor dir bin.
Der heilige Augustinus hat einmal gemeint,
das Wort Gottes sei nur dann mein Feind,
wenn ich selbst feindlich mit mir umgehe.
Ich solle freundlich mit mir umgehen,
dann sei auch das Wort Gottes mein Freund.

Lass mich deine Worte als Freund erleben,
der mir die Augen öffnet
für die Wahrheit meines Lebens
und für das Geheimnis
deiner unbegreiflichen Liebe.
der mich begleitet und auf vieles hinweist,
was ich sonst übersehen würde.
Lass deine Worte zu Heilungsworten werden,
Worte, die mich reinigen von all den
verletzenden Worten, die ich gehört habe.
Worte, die all die zerstörerischen Worte,
die in mir manchmal auftauchen,
verwandeln in Worte des Lebens.

Sei du selbst in deinem Wort bei mir
und lass mich dich spüren
als den, der von Herz zu Herz spricht
und mich ganz persönlich meint in den Worten,
die ich mit einem wachen Herzen lesen werde.
Amen.

Selig der Mensch,
der Freude hat an der Weisung des Herrn
und über sie nachsinnt bei Tag und bei Nacht.
Er gleicht einem Baum,
gepflanzt am Rande der Wasser,
der Früchte trägt zu der Zeit
und dessen Blätter nicht welken.
PSALM 1

Schweigen vor Gott

Der Herr sprach zu Elija: Geh hinaus aus deiner
Höhle und tritt auf dem Berg vor den Herrn hin.
Da zog der Herr vorüber.
Ein gewaltiger, heftiger Sturm, der Berge
zersprengt und Felsen spaltet, ging vor dem
Herrn her; aber der Herr war nicht im Sturm.
Nach dem Sturm kam ein Erdbeben;
aber der Herr war nicht im Erdbeben.
Nach dem Erdbeben kam Feuer;
aber der Herr war nicht im Feuer.
Nach dem Feuer kam ein leises, sanftes Säuseln.
Als Elija das vernahm, verhüllte er sein Gesicht mit dem
Mantel, ging hinaus und trat an den Eingang der Höhle.

1 KÖNIGE 19,11–13

IM RAUM DER STILLE

Das Ziel des Gebetes ist, dass ich nach allem, was ich Gott gesagt oder hingehalten habe, in die Stille komme. Zu diesem Raum haben die Menschen mit ihren Erwartungen und Ansprüchen, mit ihren Urteilen und Verurteilungen, mit ihren aggressiven und kränkenden Worten keinen Zutritt. Zu diesem inneren Ort können auch meine eigenen Selbstvorwürfe, meine Sorgen und Ängste und meine Schuldgefühle nicht vordringen. Es ist der Raum des Schweigens, in dem Gott selbst in mir wohnt. Dort, wo das Geheimnis in mir wohnt, kann ich daheim sein. In dem inneren Raum des Schweigens kann ich daheim sein, weil ich mich in Gottes liebende Hände fallen lassen kann.

In allen Völkern und Kulturen beten die Menschen nicht nur mit Worten zu Gott. Sie kennen auch ein Gebet ohne Worte, ein Gebet im Schweigen und ein Gebet mit dem Leib. Das Versinken im Schweigen wird nicht nur in den östlichen Religionen hoch geachtet. Auch die christliche Überlieferung kennt das Schweigen vor Gott. Ich setze mich einfach vor Gott hin und schweige. Dabei gibt es drei verschiedene Weisen des Schweigens vor Gott.

Ich bin vor Gott ohne Worte

Der erste Weg besteht einfach darin, dass ich in einer Kirche oder vor eine Christusikone still werde. Ich nehme Gottes Gegenwart wahr und versuche, selbst ganz gegenwärtig vor Gott zu werden. Ein solches Gebet der Stille übte ein alter Mann in der Kirche des Pfarrers von Ars. Eines Tages fragte ihn der Pfarrer, was er da so lange in der Kirche mache. Er antwortete: «Ich schaue Gott an, und Gott schaut mich an. Das genügt.» Ein Schweigen vor Gott und mit Gott und in Gott. Ich muss nichts leisten. Ich muss auch nicht konzentriert sein. Ich halte alles, was in mir ist, in Gottes liebenden Blick, damit ich unter seinen Augen den Mut finde, alles in mir anzuschauen, ohne es zu verurteilen.

Die Atem-Meditation (Das Herzensgebet)

Der zweite Weg besteht in der Meditation. Meditation ist eine ganz bestimmte Methode, vor Gott still zu werden. Ich achte auf den Atem und lasse beim Ausatmen meine immer wieder auftauchenden Gedanken los. Beim Einatmen stelle ich mir vor, dass Gottes Geist in mich einströmt und mich innerlich erneuert. In der Tradition hat man den Atem immer auch mit einem Wort verbunden. Für mich ist das Jesusgebet mein persönlicher Meditationsweg geworden. Ich verbinde mit dem Einatmen: «Herr Jesus Christus» und mit dem Ausatmen «Sohn Gottes, erbarme dich meiner!» Ich denke nicht über das Wort nach, sondern lasse mich vom Wort in das wortlose Geheimnis Gottes hineinführen, in den Raum der Stille, in dem Gott selbst in mir wohnt. Es ist der Raum, der erfüllt ist von der Barmherzigkeit und Liebe Jesu Christi. In diesem Raum komme ich innerlich zur Ruhe. Da erlebe ich innere Freiheit. Niemand hat zu diesem Raum Zutritt, kein Mensch, kein Gedanke, keine Sorge, keine Angst. Niemand kann mich dort verletzen. Es ist ein heilender Raum, den ich in mir entdecken darf. Natürlich spüre ich diesen Raum nicht immer. Aber wenn ich ihn erahne, dann fühle ich mich frei. Dann bin ich ganz gegenwärtig. Dann fühle ich mich in Gott daheim.

Ich sitze still

Der dritte Weg ist die so genannte «Kellionübung». Sie besteht darin, dass ich mich eine halbe Stunde in mein Zimmer oder an einen ruhigen Ort setze und weder bete, noch meditiere, noch nachdenke, noch lese. Ich sitze einfach vor Gott. Die Mönche ermutigen uns, dabei das Bild des Türhüters vor Augen zu haben. Ich sitze da. Es tauchen Gedanken und Gefühle in mir auf. Sie klopfen gleichsam an meine Tür. Ich befrage jeden Gedanken und jede Emotion: Was willst du mir sagen? Welche Sehnsucht steckt in dir? Dann dürfen alle Gedanken hochkommen. Ich muss gar nicht still sein. Aber da ich alles zulasse und alles nach der Sehnsucht befrage, werde ich auf einmal still. Das innere Chaos beruhigt sich. Die vielen Gedanken führen mich durch die Sehnsucht, die in ihnen liegt, letztlich zu Gott. Durch alles, was in mir auftaucht, gelange ich in den inneren Grund, in dem Gott in mir wohnt und meinem Leben Festigkeit und Frieden verleiht.

Das Herzensgebet

Die Anrufung des Namens Jesu im Herzensgebet beginnt, wie jedes andere Gebet, als mündliches Gebet, bei dem man mit Hilfe der Zunge Worte formt. Im Lauf der Zeit wächst unser Gebet mit Gottes Hilfe immer tiefer nach innen. Die Anteilnahme des Geistes wird intensiver und geschieht unwillkürlich wie von selbst. Um an das Ziel der Reise nach innen zu gelangen und um wahrhaftig zu beten, ist es notwendig, in die «absolute Mitte» einzutreten, das heißt, hinabzusteigen vom Geist in das Herz, genauer gesagt, wir sollen nicht vom Geist aus, sondern mit dem Geist hinabsteigen. In der «inneren Kammer» seines eigenen Herzens findet der Mensch den Grund seines Wesens und überquert die geheimnisvolle Grenze zwischen dem Geschaffenen und dem Ungeschaffenen.

KALLISTOS WARE / EMMANUEL JUNGCLAUSSEN

ZUR VORBEREITUNG AUF DAS HERZENSGEBET

Herr Jesus Christus,
Sohn Gottes,
erbarme dich meiner!

Mit diesen Worten
haben die frühen Mönche den ganzen Tag meditiert,
mit jedem Atemzug, mit jedem Herzschlag,
so dass die Worte ihnen
in «Fleisch und Blut» übergegangen,
in ihnen «Fleisch geworden» sind
und ihre Seele und ihren Leib geprägt haben.

Herr Jesus Christus,
auch ich möchte mit diesem wunderbaren Wort beten.
Ich möchte in diesen Worten
deinen Geist der Barmherzigkeit und der Liebe
in mein Herz eindringen lassen,
aber nicht nur in mein Herz,
sondern in alle Bereiche meines Leibes
und meiner Seele.
Lass in diesen Worten deine barmherzige Milde
in meinen Ärger dringen und ihn verwandeln.
Die Worte mögen meine Angst vertreiben,
meine Leere füllen, meine Dunkelheit erhellen
und meine Kälte wärmen.

Herr Jesus Christus,
du selbst willst in diesen Worten
in mich eindringen.
Du zeigst mir den Weg zu dem Raum der Stille,
in dem du selbst in mir wohnst
und den du mit deiner Wärme
und Herzlichkeit erfüllst.
Lass mich in diesem Raum der Stille
in dir und vor dir zur Ruhe kommen.
Lass mich an deinem Herzen ruhen,
so wie Johannes beim letzten Mahl
an deinem Herzen gelegen hat.
Lass mich in diesem inneren Raum der Stille
Heimat erfahren, weil du,
das unaussprechliche Geheimnis, in mir wohnst.
Durchdringe mich mit deinem Geist,
dass auch mein Reden und Tun
von deinem Geist künden,
dass ich aufhöre,
deine Liebe in dieser Welt zu trüben,
und durchlässig werde für dich.
Dann wirst du durch mich und durch die vielen,
die sich von dir durchdringen lassen,
diese Welt immer mehr in deinem Geist
gestalten und prägen.
Amen.

Beten mit dem Leib

Einen Leib hast du mir bereitet.
Siehe, ich komme, deinen Willen, Gott, zu tun.
HEBRÄER 10,5–6

DAS GEBET MIT GEBÄRDEN

Eine besondere Weise des schweigenden Gebets ist das leibhafte Gebet, das Gebet mit Gebärden. Der Leib hat seine eigene Sprache. Indem ich bestimmte Gebärden mache, drücke ich meine Beziehung zu Gott aus. Und indem ich sie ausdrücke, vertieft sie sich. Gefühle, die keinen Ausdruck finden, sterben ab. Doch die Gebärden führen mich auch an neue Erfahrungen heran. Indem ich eine bestimmte Gebärde mache, komme ich in Berührung mit Erfahrungen, die andere Beter vor mir mit dieser Gebärde gemacht haben. In den Gebärden betet nicht nur meine Seele, sondern auch mein Leib. Die Gebärde öffnet jeweils andere Bereiche meiner Seele und meines Leibes für Gott, so dass Gottes Liebe dort einströmen und mich verwandeln kann. Ich möchte nur einige Gebärden beschreiben, die für das leibhafte Beten typisch sind.

Die Gebärde der offenen Hände

Ich halte meine Hände in Form einer Schale vor Gott. In meinen Händen halte ich Gott meine Wahrheit hin, ohne dass ich sie selbst bewerte. Ich überlasse mich in meinen Händen Gott und lege mich vertrauensvoll in seine liebenden Hände. Ich halte in meiner Hand das Gott hin, was ich in die

Hand genommen, was ich geformt und gestaltet, was ich berührt und was ich bewegt habe. Und ich halte hin, was mir aus der Hand geglitten ist. Ich danke Gott für alles, was er mir in die Hand gelegt hat, für die Fähigkeiten, die er mir geschenkt hat, für die Begegnungen, für die Einsichten und für die vielen unerwarteten Geschenke, die er mir in die Hand gegeben hat. Ich halte Gott meine Ohnmacht hin, meine Sehnsucht, meine Leere, meine Bereitschaft, mich ihm hinzugeben.

Beten mit erhobenen Händen («Orantehaltung»)
Ich strecke meine Hände nach oben zu einer großen Schale auf. Ich öffne gleichsam den Himmel über mir und über den Menschen. Diese Gebärde macht mich weit. Ich spüre die Weite und Freiheit Gottes. Und ich öffne den Himmel über den Menschen um mich herum. Mose hat in dieser Haltung für sein Volk gebetet, das gegen die Feinde gekämpft hat. In dieser Gebetshaltung bete ich stellvertretend für all die Menschen, denen jetzt der Himmel verhangen ist oder die im Kampf mit inneren oder äußeren Mächten stehen. Ich bete stellvertretend für sie und flehe zu Gott, dass er seine schützende Hand über sie hält.

Die Segensgebärde
Eine uralte Gebärde ist die Segensgebärde. Ich erhebe die Hände nach oben und halte meine Handflächen nach vorne. Ich lasse gleichsam den Segen durch meine Handinnenflächen zu den Menschen strömen, an die ich jetzt denke, in die Räume meiner Wohnung, in die Räume, in denen ich arbeite, und zu all den Orten dieser Welt, die voller Dunkelheit und Unfrieden sind, damit Gottes Segen diese Räume verwandle und seine segnende Hand über die Menschen hält. Gottes Segen möge zu den Menschen strömen und sie mit seiner liebenden und heilenden Gegenwart einhüllen.

Beten mit gekreuzten Armen
Am Abend mache ich gerne folgende Gebärde: Ich kreuze die Arme über der Brust. Die beiden Hände berühren die Schultern. Es ist für mich die Gebärde, die nach innen geht. Ich schließe die Tür. Ich schütze den inneren Raum der Stille, zu dem jetzt niemand Zutritt hat, kein Mensch, kein Gedanke, kein Selbstvorwurf, kein Schuldgefühl. Ich schütze diesen inneren Raum, in dem Gott, das Geheimnis in mir wohnt. Und ich genieße es, diesen heiligen Raum zu verschließen, in dem ich heil bin und ganz. Es ist zugleich eine Gebärde, in der ich das Gegensätzliche in mir selbst annehme und in der ich vertraue, dass Gottes Liebe alles Gegensätzliche in mir durchdringt. Alles in mir ist angenommen. Alles

darf sein. Alles ist erfüllt von Gottes Liebe. Und ich schütze in dieser Gebärde die innere Glut, die in mir brennt, die Glut des Heiligen Geistes, dass sie meine Worte, meine Gedanken und mein Tun durchglüht und mit Leben und Liebe erfüllt.

Ich habe nur einige Gebärden beschrieben. Versuchen Sie die Gebärde zu üben, die Ihnen am besten entspricht. Und nehmen Sie dann diese Gebärde als tägliche Übung. Sie wird Sie verwandeln. Und sie wird alle Bereiche Ihres Leibes und Ihrer Seele für Gott öffnen, damit Gottes Heil alles in Ihnen durchdringt und heilt. Das Gebet will uns Anteil schenken an dem Heil, das uns in Jesus Christus aufgeleuchtet ist. Es will unsere Wunden heilen, und es will uns auf eine andere Ebene führen, auf die Ebene, in der wir eins sind mit Gott, in der unser Leben eingetaucht ist in das göttliche Leben.

LITERATURHINWEISE

Zu S. 67: Paul Deselaers / Dorothea Sattler, Es wurde Licht. Die Botschaft der biblischen Schöpfungstext. Herausgegeben von Andrea Schwarz. Verlag Herder GmbH, Freiburg im Breisgau 2005.

Zu S. 196: Huub Oosterhuis, Ich steh vor dir. Gebete, Meditationen und Lieder. Verlag Herder GmbH, Freiburg im Breisgau 2004.

Zu S. 220: Kallistos Ware / Emmanuel Jungclaussen, Hinführung zum Herzensgebet. Verlag Herder GmbH, Freiburg im Breisgau Neuausgabe 2004.